Herman Haupt

Waldenserthum und Inquisition im südöstlichen Deutschland

Herman Haupt

Waldenserthum und Inquisition im südöstlichen Deutschland

ISBN/EAN: 9783743690448

Hergestellt in Europa, USA, Kanada, Australien, Japan

Cover: Foto ©Lupo / pixelio.de

Weitere Bücher finden Sie auf **www.hansebooks.com**

WALDENSERTHUM UND INQUISITION

IM

SÜDÖSTLICHEN DEUTSCHLAND

VON

HERMAN HAUPT.

FREIBURG I. B. 1890.

AKADEMISCHE VERLAGSBUCHHANDLUNG VON C. B. MOHR

(PAUL SIEBECK).

Vorwort.

Der von mir bearbeitete Stoff ist, wenigstens zum Theil, schon durch G. E. Friess (Ueber Patarener, Begharden und Waldenser in Oesterreich, in der Oesterr. Vierteljahrsschrift für kathol. Theologie XI [1872] S. 209 ff.) und W. Preger (Beiträge zur Geschichte der Waldesier, in den Abhandlungen der historischen Classe der Münchener Akademie XIII, Abth. 1 S. 183 ff.; Ueber das Verhältniss der Taboriten zu den Waldesiern des 14. Jahrhunderts, in denselben Abhandlungen XVIII, Abth. 1) behandelt worden. Da ich die sehr verdienstlichen Nachweisungen beider Gelehrten vielfach, zum Theil durch ungedrucktes Material, ergänzen konnte, andererseits mit ihrem Urtheil über den Charakter der im südöstlichen Deutschland auftretenden Häresieen mich grossentheils im Widerspruch befinde, so hielt ich es für geboten, um ein zutreffendes Bild der religiösen Volksbewegungen in Oesterreich und den Nachbarländern zu geben, deren Geschichte vom 13. Jahrhundert ab bis auf die Husitenzeit nochmals zusammenfassend darzustellen. Die von Friess und Preger erstmals erschlossenen Quellen sind für verschiedene Abschnitte meiner Darstellung, wie ich gerne hervorhebe, grundlegend gewesen. J. von Döllinger's „Beiträge zur Sektengeschichte des Mittelalters" (2 Bände. München, 1890), welche während des Druckes dieser Schrift erschienen, gaben mir Veranlassung, eine Reihe von urkundlichen Beilagen, die bereits dort veröffentlicht waren, zurückzuziehen; eine weitere Anzahl von Döllinger's wichtigen Funden konnte ich noch rechtzeitig für den zweiten Theil dieser Darstellung verwerthen. Erst jetzt kommt mir leider die Schrift von Jean Knatz „Vaudois et Taborites" (Thèse der theologischen

Fakultät von Montauban. Genève, 1889) zu Gesicht, in welcher die Frage nach der Beeinflussung der Taboriten durch das Waldenserthum in recht besonnener Weise erörtert wird, wenn auch der Verfasser in seinem Widerspruche gegen Preger's Hypothese offenbar zu weit gegangen ist.

Den Verwaltungen der Hof- und Staatsbibliothek zu München und der Universitätsbibliothek zu Würzburg, namentlich meinem verehrten Collegen, Herrn Oberbibliothekar Dr. Kerler in Würzburg, bin ich für vielfache Förderung meiner Studien sehr zu Dank verpflichtet.

Giessen, im Mai 1890.

Oberbibliothekar Dr. H. Haupt.

I.

Vom Beginne des 13. bis zur Mitte des 14. Jahrhunderts.

Wenigé Jahrzehnte nach der erstmaligen Verhängung des Kirchenbannes über die waldensische Secte im Jahre 1184 sehen wir dieselbe schon im Westen des deutschen Reiches, in den Bisthümern Metz, Toul und Strassburg verbreitet, und auch den Beginn der waldensischen Missionsthätigkeit im übrigen Süddeutschland werden wir nicht weit über den Beginn des 13. Jahrhunderts hinausrücken dürfen [1]). Zur Zeit des Religionsgespräches von Bergamo, das 1218 zwischen Abgesandten der französischen

---

[1]) Ueber die Waldenser zu Metz von 1199 vergl. Alberic von Trois-Fontaines, Mon. Germ. hist. Script. XXIII, 878. Cäsarius v. Heisterbach, Illustrium mirac. et histor. lib. V, cap. 20. Berger, La bible française au moyen-âge S. 37 ff. Ueber Edicte gegen Waldenser im Bisthum Toul im Jahre 1192 vergl. Martène et Durand, Thesaurus novus anecdotor. IV, 1180. Auch die 1212 und 1215 in Strassburg processirten Ketzer (vergl. C. Schmidt, Die Sekten zu Strassburg im Mittelalter. Zeitschrift für hist. Theologie X (N. F. IV, 1840), Heft 3, S. 31 ff.) sind wohl den Waldensern zuzurechnen. Ueber die angeblichen Verbindungen dieser Strassburger Waldenser mit Glaubensgenossen in Böhmen und deren Führer Birkhardus vergl. Excurs I. Zu der um diese Zeit von Strassburg aus sich verbreitenden Secte der Ortliber hat das Waldenserthum, wie ich zu zeigen versuchte (Zeitschrift f. Kirchengeschichte X (1888) S. 316 ff.), in keiner näheren Beziehung gestanden. In den Niederlanden fanden um 1182 bis 1184 heftige Ketzerverfolgungen statt, in erster Linie wohl gegen Anhänger des Katharerthums (Fredericq, Corpus documentorum inquisitionis Neerlandicae I (1889) S. 47 ff.). In Trier waren um 1230 drei verschiedene ketzerische Parteien, unter ihnen offenbar auch die waldensische Secte, vertreten. Vergl. Hartzheim, Concilia Germaniae III, 539.

und der lombardischen Gruppe der Waldenser stattfand und eine lange dauernde Trennung beider Parteien herbeiführte, war die Propaganda der lombardischen Armen in Süddeutschland bereits organisirt: wenige Jahre nach jenen Verhandlungen werden die deutschen Reiseprediger und ihre Gläubigen von dem Misserfolg des Gespräches in Kenntniss gesetzt, und zwei Angehörige der lombardischen Genossenschaft, Ugolo und Algosso, zur näheren Informirung der Glaubensgenossen in Deutschland entsandt[1]. Nur den lombardischen Zweig der waldensischen Secte, welcher der Kirche gegenüber eine weit schroffere Haltung einnahm als die französische Gruppe, sehen wir künftig in Deutschland vertreten, und bis in das 15. Jahrhundert hinein ist das deutsche Waldenserthum der Centralleitung der lombardischen oder italienischen Armen untergeordnet geblieben.

Wie allerwärts, so trafen die Waldenser auch in Oesterreich den Boden für die Verbreitung ihrer Reformideen durch die ihnen vorangegangenen K a t h a r e r — auch deren Ausgangspunkt ist ohne Zweifel die Lombardei gewesen — vorbereitet[2]. Zum Jahre

---

[1] Vergl. W. Preger's Beiträge zur Geschichte der Waldesier in den Abhandlungen der historischen Classe der Münchener Akademie XIII, Abth. 1 S. 183 ff., sowie dessen Abhandlung über das Verhältniss der Taboriten zu den Waldesiern des 14. Jahrhunderts, in denselben Abhandlungen XVIII, Abth. 1, sowie die Schrift von K. M ü l l e r, Die Waldenser und ihre einzelnen Gruppen während des Mittelalters (Sep.-Abdr. aus den Theolog. Studien und Kritiken, Jahrgang 1886 und 1887) S. 27 (691). Das Sendschreiben kann kaum später als einige wenige Jahre nach dem Religionsgespräch des Jahres 1218 abgefasst sein, da, wie P r e g e r bereits gesehen, von den sechs Abgeordneten zu jenem Gespräche sich fünf als Absender des Schreibens zeichnen, unter ihnen auch die Brüder Thomas und Johannes Franceschus (al. Francigena), über deren Angelegenheit zu Bergamo verhandelt worden war; andererseits scheinen die von P r e g e r zuletzt geltend gemachten Gründe die Abfassung des Schreibens u n m i t t e l b a r nach dem Gespräch von Bergamo auszuschliessen.

[2] Vergl. darüber G. E. F r i e s s, Ueber Patarener, Begharden und Waldenser in Oesterreich, (in der Oesterr. Vierteljahrsschrift für kathol. Theologie XI (1872) S. 209 ff.). Spuren einer Missionsthätigkeit südslavischer Katharer in Deutschland sind nicht nachweisbar. Die in Oberitalien abgezweigten katharischen Secten der Albanenser und Concorezzenser hat C. S c h m i d t (Histoire des cathares II, 285; vergl. meine Bemerkungen in der Zeitschrift für Kirchengeschichte X (1888) S. 328) irrthümlich mit Albanien und dem österreichischen Görz (statt Concorezzo bei Monza) in Verbindung gebracht.

1210 berichten die Klosterneuburger Annalen [1]) von einer Verfolgung der „Patarener", die vielleicht mit den grausamen von Herzog Leopold VI. (1198—1230) gegen die österreichischen Ketzer ergriffenen Massregeln, von denen uns Thomasin von Zirkläre [2]) erzählt, in Verbindung zu bringen ist. Als sich der Herzog in den Jahren 1207 und 1208 um die Gründung eines eigenen Bischofsitzes in Wien bemühte, wurde dieser Plan von ihm besonders durch den Hinweis auf die weite Verbreitung der Ketzer in seinen Ländern begründet [3]). Ein etwas bestimmteres Zeugniss für das Vorhandensein österreichischer Katharer im ersten Viertel des 13. Jahrhunderts liefert uns der merkwürdige Brief des vor der Albigenserinquisition um 1215 aus Frankreich geflüchteten Clerikers Ivo von Narbonne an den Erzbischof Girald von Bordeaux (1227—1261) aus dem Jahre 1242 [4]); der geistliche Abenteurer berichtet in demselben sehr ausführlich über seinen Verkehr mit den Katharergemeinden von Como, Mailand, Gemona (n. von Udine) und anderen Städten Oberitaliens, von seiner Wanderung über die Alpenpässe nach Friesach in Kärnthen, wo er, wie es scheint, abermals Katharer antrifft, und von seinem Aufenthalt in Wiener-Neustadt und Wien: hier und in den umliegenden Orten will er viele Patarener zur Kirche

---

[1]) Mon. Germ. Script. IX, 621 (vergl. 635) ad a. 1210: Pestilens heresis Paterinorum cum plurimos christiani nominis serpendo corrumperet, auctore deo prodita est, et variis tormentis multi eorum necati sunt. Ein zwingender Grund, die ganz allgemein gehaltene Angabe auf Oesterreich oder gar auf Klosterneuburg zu beziehen, liegt nicht vor.

[2]) Der wälsche Gast. Herausg. v. H. Rückert v. 12683 ff.:

Lamparten waere saelden riche,
hiet si den herrn von Ôsterriche,
der die ketzer sieden kan.
er vant ein schoene geriht dar an.

[3]) Vergl. den Brief des Papstes Innocenz III. an Bischof Manegold von Passau vom Jahre 1207 (Monum. Boica XXVIII, p. 2, S. 274): quod gravius est, usque adeo, ut asseritur, ibi pestis invaluit hereticae pravitatis, ut passim in caulas dominicarum ovium lupi rapaces irrumpant.

[4]) Matthei Parisiensis Chronica maiora. Mon. Germ. hist. Scriptor. XXVIII, S. 230 ff. Der päpstliche Legat und Cardinal Robert von Courçon, dessen Verfolgung sich Ivo entzog, weilte 1213—15 in Frankreich und starb bereits 1218 unter den Mauern von Damiette (Hauréau, Histoire de la philosophie scolastique II, 2, S. 103. Raynaldus, Annal. ecclesiast. ad a. 1213 Nr. 2, 63; a. 1218 Nr. 5). Ivo's Verkehr mit den lombardischen und deutschen Patarenern dürfte demnach etwa um das Jahr 1214—1220 anzusetzen sein.

zurückgeführt haben. Auch der zwischen 1220 und 1250 in Oesterreich dichtende „Stricker" widmet in seiner „Klage" [1]) den Ketzern seiner Zeit ein längeres Capitel, in welchem er die dualistischen Lehren der Katharer zurückweist.

Die Zurückdrängung des Katharerthums in Deutschland in der ersten Hälfte des 13. Jahrhunderts werden wir uns wohl in der Weise vorzustellen haben, dass dasselbe durch die waldensische Secte, deren strenge Sittenlehre und Feindseligkeit gegen die herrschende Kirche sich von der der Katharer kaum unterschied, rasch aufgesogen wurde. In Frankreich sehen wir die der Kirche entfremdeten Volkskreise um die Mitte des 13. Jahrhunderts häufig genug überhaupt gar keinen Unterschied zwischen katharischen und waldensischen Reisepredigern machen, bald die Seelsorge des einen, bald die des anderen in Anspruch nehmen [2]); ebenso werden auch gleichzeitig in Oesterreich die Bekenner des Katharerthums, dessen dualistische Lehren dem religiösen Bedürfnisse des deutschen Volkes offenbar wenig entsprachen, in ihrer grossen Mehrheit den rastlos thätigen waldensischen Missionaren sich zugewandt haben. Aus einzelnen Stellen der Predigten Berthold's von Regensburg [3]) scheint zwar hervorzugehen, dass um

---

[1]) Kleinere Gedichte von dem Stricker. Hrsg. von Hahn (Bibliothek der gesammten deutschen Nationalliteratur Bd. XVIII) S. 70 ff. Ueber die Heimath und Zeitverhältnisse des Stricker vergl. Bartsch's Einleitung zu seiner Ausgabe des „Karl d. Gr." S. I ff., VI ff.

[2]) Vergl. Lea, History of the inquisition Vol. II, S. 146 f. Zur Zeit Davids von Augsburg wachten die deutschen Waldenser, Ortliber, Runcarier u. s. w. ängstlich darüber, dass ihre Gläubigen nicht zum Uebertritt zu anderen Secten verleitet würden, machten aber der Kirche gegenüber gemeinsame Sache (Ausg. v. Preger S. 216). Ein Beispiel des Uebertritts von den Katharern zu den Waldensern liefert die wahrscheinlich dem Formelbuch des Florentiners Buoncompagno (um 1215) entlehnte Formel des sogenannten Formelbuches K. Albrecht's I., welche ich im Anhange nach einer Abschrift, die ich der Güte der Direction des Haus-, Hof- und Staatsarchivs in Wien verdanke, mittheile; ein Bischof richtet in derselben an den Papst die Anfrage, ob ein Kleriker, der nach Empfang der niederen Weihen Patarener geworden, nach der Abschwörung seiner Ketzerei und seiner Weihe zum Diakon aber sich mit der Secte der Leonisten eingelassen hatte, die Priesterweihe erhalten dürfe. Ueber das Formelbuch vergl. Chmel im Archiv f. Kunde österreich. Geschichtsquellen II (1849) S. 213 f., und Schweizer in den Mittheilungen des Instituts für österr. Geschichtsforschung II, S. 229 ff.

[3]) Predigt: Saelic sint die reines Herzen sint, in Pfeiffer's Ausgabe

die Mitte des 13. Jahrhunderts in Süddeutschland neben den Waldensern auch die Katharer noch verbreitet waren. Dagegen nennt Berthold's Lehrer, der wohlunterrichtete David von Augsburg[1]), dessen zwischen 1256 und 1272 verfasstem Tractat über die Waldenser die von David als Inquisitor gemachten Erfahrungen zu Grunde liegen, als die gefährlichsten Ketzer seiner Zeit eben die Waldenser, neben welchen die Katharer überhaupt nicht, die Ortliber, Arnoldisten und Runcarier nur beiläufig als Abzweigungen der Waldenser erwähnt werden. Der gleichfalls aus vielseitiger eigener Erfahrung schöpfende sogenannte Passauer Anonymus ferner, dessen grosses polemisches Sammelwerk über Juden und Ketzer zwischen 1260 und 1270 in der Diöcese Passau und zwar in deren österreichischem Theile entstanden ist, kennt als ketzerische Secten in Deutschland nur noch die der Runcarier, Ortliber und Leonisten (Waldenser); die Katharer sind nach ihm damals bereits auf die Lombardei beschränkt gewesen[2]).

Von dem grossen Verfolgungssturme, der in den Jahren 1230—1233 über das deutsche Ketzerthum hereinbrach[3]), sind

der Predigten I, S. 402 ff. (vergl. auch S. 130), wo Berthold nach der Aufzählung der verschiedenen Secten — unter ihnen allerdings auch Arianer! — gegen die Schöpfungslehre der Katharer, alsdann gegen die laxen Anschauungen der Waldenser (vergl. Müller a. a. O. S. 122 [98]) vom erzwungenen Eide polemisirt.

[1]) Ausgabe von Preger in den Abhandlungen der histor. Classe der Münchener Akademie Bd. XIV, Abth. 2, S. 204 f., 216.

[2]) Vergl. die von Müller (a. a. O. S. 148 [122]) mitgetheilte Stelle aus den Münchener Handschriften des Anonymus: Sectae haereticorum fuerunt plus quam septuaginta, quae omnes . . . sunt deletae praeter sectas Manicheorum et Patarinorum, quae occupant Lombardiam et praeter sectas Ordlibariorum Runcariorum et Leonistarum quae Alemanniam infecerunt. Auf Verfolgungen von Katharern in Oesterreich scheint das von Friess (a. a. O. S. 252) aus einer Handschrift von St. Florian mitgetheilte Frageformular hinzudeuten. Der Patriarch von Aquileja Bertrand (1334—1350), dessen Diöcese bekanntlich auch Krain und Theile von Kärnthen und Steiermark einschloss, erliess in seinen Synodalstatuten eingehende Verordnungen gegen das Umsichgreifen der Katharer und anderer Häretiker, die aber doch wohl nur das transalpinische Gebiet des Patriarchates betroffen haben (Rubeis, Monumenta ecclesiae Aquilejensis col. 881).

[3]) Vergl. darüber namentlich Ficker, Die gesetzliche Einführung der Todesstrafe für Ketzerei, in den Mittheilungen des Instituts für österreich. Geschichtsforschung I, S. 212 ff.; Felten, Papst Gregor IX, S. 215 ff.;

die baierisch-österreichischen Waldenser sicherlich nicht verschont
geblieben; haben sich doch in Mittel- und Südwestdeutschland
jene Verfolgungen in erster Linie gegen die „Armen von
Lyon" gerichet[1])! Was wir von der Inquisition in Baiern und
Oesterreich aus jener Zeit erfahren, beschränkt sich allerdings
fast nur auf die verschiedenen päpstlichen und kaiserlichen Erlasse,
wie sie damals für sämmtliche Theile des Reiches ergingen; über
die Art und Weise ihrer Ausführung sind uns Zeugnisse nicht
erhalten. Nachdem Papst Gregor IX. am 20. Juni 1231, wie
an die übrigen deutschen Prälaten, so auch an den Erzbischof
von Salzburg und an dessen Suffraganbischöfe die von ihm gegen
die Ketzer erlassenen neuen Statuten behufs allgemeiner Be-
kanntmachung übersandt hatte[2]), beauftragte er am 27. November
desselben Jahres die Dominicaner zu Friesach und wohl gleichzeitig auch die zu Regensburg, jene Statuten mit rücksichtsloser
Strenge zur Ausführung zu bringen[3]). Die österreichischen

Hausrath, Kleine Schriften religionsgeschichtlichen Inhalts 1883, S. 137 ff.;
Kaltner, Konrad von Marburg 1882.

[1]) Vergl. die wenig beachtete Stelle in dem von Alberic von Trois-
Fontaines (Mon. Germ. hist. Scriptor. XXIII, S. 878) mitgetheilten Briefe
des Erzbischofs Siegfrid von Mainz und des Dominicaners Bernhard an
Papst Gregor IX: Magister Conradus contra pauperum Lugdunensium
astutias zelo fidei armatus nefandam haeresis Manicheorum filiam olim
absconditam ... putavit ex toto deprehendere. Die Glaubenslehren, die
Konrad von Marburg den von ihm verfolgten Ketzern beilegte (Verehrung
von Kröten, Katern und des in den Zusammenkünften der Ketzer erscheinen-
den Satans, Verübung von Unzucht u. dergl.) sind natürlich sammt und
sonders Ausgeburten des religiösen Fanatismus; wie man noch heute (vergl.
Kaltner a. a. O.) jene Vorwürfe als thatsächlich begründet bezeichnen
kann, ist unverständlich. Mit Ausnahme einzelner offenbar erfundener Züge
(namentlich bezüglich angeblicher Weibergemeinschaft) sind die von Trithemius der angeblich um 1230 in ganz Deutschland verbreiteten Secte beigelegten Lehren (Annales Hirsaugienses Tom. I, S. 543 f. ad a. 1230) durchaus waldensisch.

[2]) A. v. Meiller, Regesten zur Geschichte der Salzburger Erzbischöfe
Nr. 372, S. 252. Der Text der Bulle ist offenbar ganz übereinstimmend mit
der am 25. Juni 1231 an den Erzbischof von Trier und dessen Suffragane
gerichteten (Böhmer, Acta imperii selecta Nr. 959, S. 665).

[3]) Winkelmann, Acta imperii inedita Nr. 624, S. 499. Ebendaselbst
die Nachweisungen ähnlicher Erlasse an die Dominicaner von Strassburg,
an Konrad von Marburg etc. Die von Felten (a. a. O. S. 217, Anmerk. 6)
gegen die Authenticität des an Konrad von Marburg gerichteten Erlasses
erhobenen Bedenken scheinen mir ganz haltlos.

Dominicaner erhielten noch die besondere Weisung, gegen das in Oesterreich angeblich weit verbreitete Laster der widernatürlichen Unzucht einzuschreiten [1]. Jeder Widerstand, den die Inquisitoren bei der damals besonders in Süddeutschland vorhandenen bedenklichen Gährung der Gemüther zu befürchten hatten, schien aussichtslos, als Friedrich II. mit seiner ganzen kaiserlichen Autorität für die Inquisition in Deutschland eintrat. Es ist bekannt, dass seine auf dem Reichstage zu Ravenna erlassenen Constitutionen vom März 1232 zum ersten Male die Hinrichtung der Ketzer reichsgesetzlich forderten und das jedem Herkommen, aber auch den einfachsten Forderungen der Gerechtigkeit widersprechende Gerichtsverfahren der päpstlichen Inquisitoren durch die rückhaltslose Bestätigung der vorausgegangenen päpstlichen Erlasse für immer sanctionirten. Die uns vorliegenden Ausfertigungen der kaiserlichen Constitutionen sind, obwohl an die geistlichen und weltlichen Fürsten, Herren, Amtleute und überhaupt an Alle im Reich gerichtet, sämmtlich für deutsche Dominicanerklöster, unter ihnen auch die zu Regensburg und Friesach im März 1232 ausgestellt; der Kaiser nimmt in ihnen zugleich die mit der Inquisition „in partibus Theutoniae" beauftragten Klosterconvente in seinen Schutz und gebietet, sie bei der Ausübung ihres Amtes zu beschirmen und zu unterstützen, an den durch sie verurtheilten Ketzern aber die verdiente Strafe zu vollziehen [2]. Den päpstlichen und kaiserlichen Erlassen sind die Landesfürsten im südöstlichen Deutschland ohne Zögern nachgekommen; gleich dem Herzog Otto von Baiern, der seinen Beamten die Unterstützung der Regensburger Dominicaner bei Ausrottung der Ketzerei befahl, haben auch Herzog Bernhard von Kärnthen und Erzbischof Eberhard II. von Salzburg ihre Richter und Amtleute zur Unterstützung der Dominicaner von Friesach und zur Ausführung der von diesen erlassenen Strafurtheile angehalten [3]. Die schleunige Bestrafung der der Ketzerei

---

[1] Schreiben Gregor's IX. vom 3. September 1232. Monumenta Germ. hist. Epist. saec. XIII, Tom. I, S. 388. Auch den von Konrad von Marburg verfolgten Ketzern ist bekanntlich die Verübung unnatürlicher Unzucht vorgeworfen worden; vergl. das Schreiben Gregor's IX. vom 13. Juni 1233, ebenda S. 433.

[2] Vergl. Ficker a. a. O. S. 215 ff.; Böhmer, Regesta imperii 1198 bis 1272, hrsg. v. Ficker, Abth. 1, S. 385 f.

[3] Winkelmann, Acta imperii inedita I, Nr. 626, S. 502. Quellen

überführten Geistlichen wurde dem Erzbischof Eberhard II. von
Salzburg in einer päpstlichen Bulle vom 22. November 1232 ans
Herz gelegt, indem er gleich anderen Bischöfen zur Einhaltung
eines abgekürzten Verfahrens bei der Degradirung der ketzerischen
Geistlichen ermächtigt wurde [1]).
Die grenzenlose Verwirrung, in welche Deutschland durch
die Massenhinrichtungen der Jahre 1230—33, durch die von den
Inquisitoren gegen die Stedinger und die Ketzer am Rhein ge-
predigten Kreuzzüge, endlich durch die Ermordung Konrad's von
Marburg und seines Genossen Torso gestürzt wurde, scheint der
Thätigkeit der Inquisition in Deutschland für kurze Weile ein
Ziel gesetzt zu haben [2]). Während Gregor IX. unverdrossen die
Bekämpfung der Häretiker in der Lombardei fortsetzte [3]) und
Friedrich II., um sich der ihm drohenden Excommunication gegen-
über als treuen Sohn der Kirche zu zeigen, seine Ketzergesetze
1238 und 1239 wiederholt veröffentlichte [4]), liegen über weitere
Ketzerverfolgungen in Süddeutschland bis gegen Mitte des 13. Jahr-
hunderts Berichte nicht vor; man mochte wohl auch in kirch-

und Erörterungen zur baierischen und deutschen Geschichte V, S. 55. Die
drei Erlasse sind wohl kurz nach März 1232 anzusetzen.
[1]) Winkelmann a. a. O. Nr. 628, S. 504; auch Friess a. a. O.
S. 249. Vergl. die gleichlautenden Schreiben an den Erzbischof von Bremen
und den Bischof von Strassburg bei Potthast, Regesta pontific. Nr. 9042
und 9046, und Monumenta Germ. Epist. s. XIII. T. I, S. 390, Nr. 485.
[2]) Vergl. Alberic von Trois-Fontaines a. a. O. ad a. 1233: Per
Alemanniam vero facta est tanta hereticorum combustio, quod non possit
numerus comprehendi, und über die Vorgänge nach dem Tode Konrad's von
Marburg: Facta est confusio a seculis inaudita. Als eifrigen Ketzerverfolger in der Schweiz lernen wir auch einen Habsburger, Graf Hartmann
von Kyburg, kennen aus einem Schreiben Gregor's IX. vom 8. Januar 1233,
worin er den Grafen in seinen besonderen Schutz nimmt. Mon. Germ. Ep.
s. XIII. T. I, Nr. 503, S. 403. Ueber die weite Verbreitung der Ketzerei in
damaliger Zeit vergl. die Klagen des Provinzialconcils von Mainz vom Jahre
1233 (mitgeth. v. Mone in der Zeitschr. f. Gesch. des Oberrheins Bd. III [1852]
S. 35 ff.): Virus heretice pravitatis partibus Alemanniae, nescimus a quo
fonte, infusum nostris heu temporibus se usque adeo dilatavit, ut vix civitas,
villa vel opidum expers huiusmodi feditatis valeat inveniri.
[3]) Mon. Germ. Ep. s. XIII. T. I, S. 589, 594, 605, Nr. 693, 699, 704.
[4]) Ficker a. a. O. S. 223. Ueber die Thätigkeit der Inquisition in
den Niederlanden während der Jahre 1232—1247, vergl. Duverger, L'inquisition en Belgique. Verviers 1888, S. 31 f., und Fredericq, Corpus
documentorum inquisitionis Neerlandicae. I. Gent 1889, S. 82 ff.

lichen Kreisen Bedenken tragen, den wilden Fanatismus gegen
das Ketzerthum angesichts der mit dem „furor Teutonicus"
gemachten schlimmen Erfahrungen von Neuem zu entflammen.
Aber auch die zerrütteten kirchlichen Verhältnisse Deutschlands schlossen, namentlich in den uns zunächst interessirenden
südostdeutschen Landschaften, eine straffe Handhabung der kirchlichen Strafdisciplin gegen die Ketzer während der folgenden
Jahrzehnte aus. Es ist bekannt, dass nach Friedrich's II. Excommunication vom 20. März 1239 die baierischen Bischöfe mit
grosser Entschiedenheit Partei für den gebannten Kaiser genommen haben; im Jahre 1240 wurde von dem päpstlichen Bevollmächtigten, dem Passauer Erzdiakon Albert von Behaim, der Bann
über die Bischöfe von Freising, Eichstädt, Regensburg, Passau,
den Erzbischof von Salzburg, den Herzog Friedrich von Oesterreich und zahllose Geistliche jener Bisthümer verhängt[1]).
Während nach dem Jahre 1245 die baierischen Bischöfe — Eberhard II. von Salzburg ist 1245 im Kirchenbann gestorben —
ihren Frieden mit Rom machten, trat Herzog Otto von Baiern
1245 von der päpstlichen Seite zur kaiserlichen über, der er
trotz der gegen ihn geschleuderten Excommunication bis an sein
Lebensende (1253) treu blieb. Bischof Rüdiger von Passau, der
abermaligen Hinneigung zur kaiserlichen Partei verdächtig, wurde
1250, nicht ohne Anwendung von Waffengewalt, abgesetzt, die
Kirchenfürsten von Salzburg, Freising und Regensburg 1249
wegen angeblichen Ungehorsams abermals excommunicirt[2]). Im
Erzbisthum Salzburg endlich hatte das durch die Absetzung des
Erzbischofs Philipp und die Wahl Ulrich's von Seckau im Jahre
1256 ausgebrochene Schisma, das bis zum Jahre 1265 andauerte
und abermals zahllose gegenseitige Excommunicationen der beiden
Prätendenten und ihres Klerus zur Folge hatte, zu völliger Auf-
hebung jeder kirchlichen Ordnung und zu grauenvoller Ver-
wüstung des Landes geführt[3]). Es ist nicht zu verwundern,

---

[1]) Schirrmacher, Albert von Possemünster S. 54 ff.
[2]) Schirrmacher a. a. O. S. 131 ff., 150 ff.; Riezler, Gesch. Baierns
S. 74 ff., 81 ff., 93 ff., vergl. dagegen S. 98. Die Minoriten in Oesterreich
erhalten 1250 vom Papst Innocenz IV. den Auftrag, das Kreuz gegen den
gebannten Kaiser, seinen Sohn Konrad und deren Anhänger zu predigen.
(Mitgetheilt von Friess im Archiv. f. österr. Geschichte Bd. 64, S. 185.)
[3]) O. Lorenz, Deutsche Geschichte im 13. u. 14. Jahrhundert Bd. I,
S. 175 ff., 231 ff.

dass auch der rechtgläubige Klerus zum Theil in schroffe Opposition gegenüber dem reichsfeindlichen Papstthum gedrängt wurde: den Magister Marquard von Ried hatte um 1229 der Bischof Gebhard von Passau excommunicirt, weil er den Papst einen Häretiker genannt hatte, der Pfarrer von Wien wurde 1250 als der Ketzerei verdächtig abgesetzt [1]).

Noch weniger konnte die kirchliche Stellung der süddeutschen Volkskreise durch den seit 1239 entbrannten Vernichtungskampf zwischen Kaiserthum und Papstthum unberührt bleiben. Wie hoch zeitweise die Wogen der leidenschaftlichen Feindseligkeit der ghibellinischen Kreise gegen die Kirche gingen, zeigt am überraschendsten die um 1250 von schwäbischen Geistlichen ghibellinischer Richtung geschürte, vornehmlich von Schwäbisch-Hall ausgehende Bewegung, welche auf nichts weniger als auf die Beseitigung der gesammten Hierarchie und der mit ihr zusammenhängenden kirchlichen Ordnungen hinarbeitete. Die Verwerfung des Papstthums, welches Kaiser Friedrich als gottgesandter Richter zur Rechenschaft ziehen sollte, wird hier allerdings ausschliesslich durch joachimitische Gedanken und Erwartungen motivirt; aber in den einschneidenden praktischen Folgerungen, dass Papst, Bischöfe und Klerus, weil von Sündenschuld befleckt, ihre Amtsgewalt verloren hätten, dass man sich um ihre Interdicte nicht kümmern, ihre Seelsorge nicht in Anspruch nehmen dürfe, trifft doch die „Secte von Schwäbisch-Hall" mit der waldensischen Opposition zusammen [2]). Während der weiteren Ausdehnung der joachimitisch-ghibellinischen Bewegung der Tod König Konrad's IV., der offen für dieselbe eingetreten war, ein Ziel setzte, hat die waldensische Propaganda gerade in jener Zeit der Wirren erneuten Aufschwung genommen. Wir hören von David von Augsburg, wie die Waldenser die mit dem Klerus in Streit liegenden Volksmassen für sich zu gewinnen wussten, wie sie aber auch einen deutschen Reichsfürsten der staufischen Partei — Otto von Baiern oder Friedrich II. von Oesterreich? — auf ihre Seite zu bringen suchten [3]). „Wird das Interdict verhängt,

---

[1]) Mon. Boica XXIX, 2, S. 348, 370 ff.
[2]) Vergl. den Aufsatz von Völter in der Zeitschr. für Kirchengesch. IV (1881) S. 360 ff. und die Ergänzungen Bossert's in den Württembergischen Vierteljahrsheften V (1882) S. 290 ff.
[3]) Ausgabe von Preger a. a. O. S. 219. Preger (Abhandl. d. Münch.

so jubeln die Waldenser, weil sie dann das Volk verderben können": so berichtet der Passauer Anonymus [1]). Wessen man sich speciell in den Volkskreisen Oesterreichs zu den Päpsten versah, lehrt die drastische Aeusserung einer Wiener Chronik über Martin IV.: Der Papst wünsche die Deutschen in Frösche verwandelt, um ihnen als Storch den Garaus machen zu können [2]).

Auch Otakar von Böhmen hat bekanntlich als Thronfolger, solange er den Sturz seines Vaters Wenzel betrieb, auf der Seite der Ghibellinen gestanden [3]); nach dem unglücklichen Ausgange seiner Anschläge hat jedoch Otakar alle Beziehungen zu seinen früheren staufischen Verbündeten abgebrochen und ist

Akad., Hist. Cl. XIII, S. 227) bezieht die Stelle auf Friedrich II. von Oesterreich, Riezler, (Baierische Gesch. II, S. 227) mit grösserer Wahrscheinlichkeit auf den im Kirchenbanne gestorbenen Herzog Otto II. von Baiern.

[1]) Flacius Illyr., Catalogus testium veritatis. Francof. 1666, S. 953.
[2]) Continuatio Vindob. ad. a. 1284. in Monumenta Germ. hist. Script. IX, S. 712.
[3]) Mit der Verschwörung Otakar's und der staufisch gesinnten böhmischen Landherren hat zuerst Palacky (Ueber die Beziehungen und das Verhältniss der Waldenser zu den ehemaligen Secten in Böhmen. Prag 1869. S. 7 ff.) eine Bulle des Papstes Innocenz IV. (dat. Lugduni, XIV kal. Sept. pontif. nostri anno secundo) in Verbindung gebracht, welche den ungarischen Episkopat zur Bekämpfung der „haeretici in Boemiae regno constituti" auffordert; u. a. ist auch Lea a. a. O. II, S. 427 dieser Combination beigetreten. Dagegen hat C. v. Höfler (Mittheilungen f. Gesch. d. Deutschen in Böhmen. Jahrg. VII (1869), Heft 5 und 6) mit entscheidenden Gründen die Ansicht vertreten, dass die von H. R. Luard (Annales monastici I, S. 264) publicirte Bulle, deren Datum jedenfalls falsch ist und welche sich in E. Berger's Regesten des Papstes Innocenz IV. nicht findet (Potthast setzt sie als Nr. 11818 in das Jahr 1245), sich nicht auf Böhmen, sondern auf Bosnien beziehe, in welchem Lande allein der ketzerische Papst, welchen die Bulle nennt, gesucht werden könne. Eine allerdings recht nachlässige, in Einzelheiten aber den Luard'schen Druck ergänzende und verbessernde Abschrift der Bulle findet sich in der von mir eingesehenen Hs. Nr. 152 der Stadtbibliothek zu Lübeck (Dictamina Petri de Vineis betitelt und von W. Wattenbach im Oesterr. Notizenblatt I [1851], S. 382 ff. beschrieben) fol. 154 unter Briefen des 13. Jahrhunderts. Leider fehlt Eingang und Datum. Dass es sich bei dem Luard'schen Abdruck nicht um einen Lesefehler bezüglich der auf Böhmen resp. Bosnien bezüglichen Stellen handelt, zeigt die Thatsache, dass auch in der Lübecker Hs. Böhmen an die Stelle von Bosnien getreten ist. Die in der Lübecker Hs. enthaltene Lesart: „in Boemień regno" ist ohne Frage aus „in Bosniensi regno" entstanden.

fortan die festeste Stütze der päpstlichen Partei geblieben. Während er im Jahre 1253 der Kirche den Eid unbedingter Unterwürfigkeit leistete und seine Regierung in Oesterreich und Steiermark mit einer wahren Ueberfülle von Gnaden und Vertrauensbezeigungen an den dortigen Klerus eröffnete, hat andererseits das Papstthum nicht nur die gewaltthätigsten Schritte der Politik des böhmischen Königs gutgeheissen, sondern ihm eine geradezu beherrschende Stellung auch hinsichtlich der kirchlichen Verhältnisse Südostdeutschlands zugestanden. Wir erinnern in dieser Beziehung namentlich an den Ausgang des Salzburger Kirchenstreites, zu dessen Schlichtung Otakar von Alexander IV. und Urban IV. die weitgehendsten Vollmachten erhielt, und der 1265 zur Besetzung des erzbischöflichen Stuhles von Salzburg mit einem Verwandten Otakar's führte, während gleichzeitig ein dem Könige ergebener Prälat den bischöflichen Stuhl von Passau bestieg [1]). Das selbständige Vorgehen Otakar's in kirchlichen Angelegenheiten, aber auch sein lebendiges Interesse für die Herstellung einer straffen kirchlichen Disciplin lernen wir aus einem Erlasse des Königs vom 16. October 1259 kennen, worin er die Visitation aller österreichischen Pfarreien und Stifter ankündigt. Mit verstecktem Tadel gedenkt das Schriftstück der bisher von dem Bischof Otto von Passau seinem Klerus gegenüber geübten Nachsicht, betont die Gefahren, welche aus den allzulange geduldeten kirchlichen Missständen für das Seelenheil des Volkes entstünden, und weist von vornherein jeden etwaigen Widerspruch gegen die Massregeln der Visitatoren mit Entschiedenheit zurück. Indem Otakar die Uebereinstimmung des Passauer Bischofs, wie es scheint, stillschweigend voraussetzt, werden von ihm zwei österreichische Geistliche mit der Ausführung der in Gemeinschaft mit dem Bischofe vorzunehmenden Visitation beauftragt [2]).

Auf einem anderen Gebiete zeigt uns Otakar eine Bulle des

---

[1]) Vergl. Lorenz, Deutsche Geschichte I, S. 88 ff., 231 ff.
[2]) Mon. Boica XXIX, 2 S. 427. Damit ist wohl identisch die in Lang's Regesta III, S. 138 aufgeführte angebliche Aufforderung Otakar's an Bischof Otto von Passau, den österreichischen Klerus zu reformiren. Dass es in der That schlimm um die Moralität der österreichischen Geistlichen stand, zeigt uns das Beispiel des Pfarrers von Wien, Leopold, der 1250 wegen des gleichzeitigen Besitzes zweier Pfründen, Todtschlag, Ehebruch, Simonie, Meineid und Ketzerei abgesetzt und excommunicirt wurde. Mon. Boica XXIX, 2, S. 370 ff.

Papstes Alexander IV. vom 17. April 1257 thätig: wir erfahren,
dass der König in der unmittelbar vorangehenden Zeit als eifriger
Ketzerverfolger in seinen Stammlanden aufgetreten ist. Der
Papst zollt den Massregeln, welche Otakar gegen die in verschiedenen Theilen des Königreiches und an der polnischen
Grenze aufgespürten Ketzer ergriffen hat, volle Anerkennung:
durch sie seien Viele auf den rechten Weg geleitet, manche
Gefahren beseitigt worden. Nichtsdestoweniger ernennt Alexander IV., dem Ersuchen des Königs nachkommend, zwei Minoriten,
den als Prediger hochberühmten Lector des Brünner Klosters,
Bartholomäus, und Lambert „den Deutschen" aus der Prager
Diöcese, zu Inquisitoren für die bezeichneten Gebiete mit weit-
reichenden Privilegien; neben ihnen sollen aber auch die Bischöfe
kraft der ihnen früher ertheilten Vollmachten Processe gegen
die Häretiker einleiten dürfen [1]).

Während uns von dem Erfolge der Thätigkeit der beiden
böhmischen Inquisitoren [2]) jede Kunde fehlt, sind wir über eine
gleichzeitig im Herzogthum Oesterreich stattfindende umfassende
Ketzerverfolgung aufs beste unterrichtet. Ein Geistlicher der
Passauer Diöcese, welcher zwischen 1260 und 1270 ein weit-
schichtiges polemisches Sammelwerk gegen Juden und Häretiker
niederschrieb, ist es, dem wir die überaus werthvollen Nachrichten

---

[1]) Codex diplom. et epist. Moraviae III, S. 238. Man wird sich hüten
müssen, aus den einzelnen Sätzen der Bulle allzuviel für die speciellen Verhältnisse Böhmens in Betracht Kommendes herauszulesen, da dieselbe fast
Wort für Wort mit der am 13. Dec. 1255 an den französischen Dominicanerprovinzial und den Pariser Minoritenguardian erlassenen Bulle des Papstes
Alexander IV. übereinstimmt, worin diese als Inquisitoren für Frankreich
aufgestellt werden (Ripoll, bullar. predicatorum I, 291, Nr. 52 und darnach Fredericq, Corpus documentorum inquisitionis Neerlandicae I, 125).

[2]) Die Ketzer treten „in aliquibus partibus regni et dominii ... regis
Boemorum et Poloniae confiniis" auf; man kann zweifelhaft sein, ob darunter nicht etwa auch die österreichischen Länder inbegriffen sind. Im
Hinblick auf die im Folgenden zu besprechende österreichische Waldenserverfolgung derselben Zeit, die sich bis an die böhmisch-mährische Grenze
ausdehnte, zweifle ich nicht daran, dass die böhmischen Inquisitoren in
erster Linie gegen Waldenser einzuschreiten hatten. Die kirchlichen Verhältnisse im deutsch-böhmischen Grenzgebiete hat jedenfalls der Passauer
Anonymus (Flacius S. 651) im Auge, wenn er als eine Ursache des Wachs-
thums der waldensischen Ketzerei die Abnahme der Beichte durch böhmische
Geistliche in deutschen Bezirken bezeichnet.

über diese Inquisition verdanken [1]). Der Verfasser hat nach
seiner Angabe an der gegen die österreichischen Ketzer angestellten Untersuchung oft Antheil genommen, zeigt sich (von
wenigen Ausnahmen abgesehen) mit den Glaubenslehren derselben
wohl vertraut und liefert uns vor Allem einen mit seltener Ruhe
und Unparteilichkeit abgefassten, seinem Verfasser dadurch zu
hoher Ehre gereichenden Bericht. Mangels genauerer chronologischer
Angaben können wir nur vermuthen, dass die Anfänge dieser
österreichischen Inquisition mit der uns aus der Bulle Alexander's IV.
vom Jahre 1257 bekannt gewordenen Ketzerverfolgung zusammen-
fallen, vielleicht auch mit der oben erwähnten Kirchenvisitation
vom Jahre 1259 in Verbindung zu bringen sind. Dass die Initiative von König Otakar ausgegangen ist, lässt sich um so
sicherer annehmen, als die Mittheilungen des Passauer Anonymus
sich ausschliesslich auf den österreichischen Theil der Passauer
Diöcese beschränken, was doch wohl kaum der Fall wäre, wenn die
Inquisition sich auf die gesammte Diöcese Passau erstreckt hätte. Den
Höhepunkt hat die Thätigkeit der Inquisition i. J. 1266 erreicht, in
welchem in weit über 40 Ortschaften Oesterreichs, von der Grenze
Baierns bis nach Wien und vom Alpengebiete bis an die mährische
Grenze ketzerische Conventikel aufgespürt wurden [2]). Sie alle

---

[1]) Ueber das Folgende vergl. namentlich Preger, Beiträge a. a. O.
S. 184 ff., 220 ff., wo zum ersten Male die Bedeutung des sogenannten
Pseudorainer (theilweise gedruckt in Gretser, Opera tom. XII, Bibliotheca
max. Lugd. XXV, S. 262 ff., Flacius Illyricus, Catalogus testium veri-
tatis. Francof. 1666, S. 641 ff.) erkannt und gewürdigt worden ist. Die
Entstehungszeit zwischen 1260—1270 hat Preger, Ueber das Verhältniss
der Taboriten zu den Waldesiern a. a. O. S. 30 gegen K. Müller (a. a. O.
S. 147 [121] ff.) nachgewiesen.

[2]) Preger, Ueber das Verhältniss der Taboriten etc. S. 30. Das
Verzeichniss der „Schulen" der Waldenser findet sich bei dem Passauer
Anonymus (am vollständigsten bei Preger, Beiträge S. 241 aus CLM. 9558;
unvollständiger in Bibliotheca max. XXV S. 264 D), ferner als Anhang zu
dem Bericht über die Inquisition von Krems vom Jahre 1315 in zwei
ziemlich verschiedenen Fassungen bei Pez, Script. Austriac. II, col. 536, und
bei Friess, Vierteljahrsschrift etc. a. a. O. S. 254 ff. Ein Zweifel über die
Identität der von dem Passauer Anonymus und in dem Berichte von 1315
mitgetheilten Ortslisten ist durchaus ausgeschlossen. Am engsten schliesst
sich an den Anonymus die von Pez benutzte Hs. von St. Florian an, die
mit wenigen Ausnahmen auch dieselbe Reihenfolge in der Aufzählung der
Orte, wie der Anonymus, beobachtet; doch ist auch die Abweichung der

rechnet der Passauer Anonymus, und gewiss mit Recht, der waldensischen Secte, den „Leonisten" zu, neben welchen die Ortliber, Runcarier, Siegfrider, die um 1261 auch in Oesterreich

von Friess aus einer Klosterneuburger Hs. mitgetheilten Liste nur eine scheinbare, da sich bei näherem Zusehen ergibt, dass hier die Ortschaften, mit geringen Abweichungen, einfach in umgekehrter Ordnung aufgeführt, einzelne übersehene aber am Schlusse nachgetragen werden; der nur hier erscheinende Ortsname „Nochling" ist vielleicht identisch mit dem „Nachlewb" (Gretser: Nachleub; CLM 14637: Neleus) der Liste des Anonymus; den Namen „Huebing" (Hubing bei Wels?) hat nur die Hs. von St. Florian. Am vollständigsten ist das von Preger a. a. S. 241 mitgetheilte Verzeichniss des Anonymus von 42 Orten; in Gretser's Ausgabe des Anonymus werden 41, bei Pez 35, in der Klosterneuburger Hs. 37 Orte aufgezählt. Von Wichtigkeit aber ist, dass nur die Auslassung der auch in Gretser's Vorlage übergangenen Gemeinde Algersbach den beiden die Inquisition von 1315 behandelnden Hss. gemeinsam ist, so dass aus beiden Reihen zusammen das fast vollständige Verzeichniss des Anonymus sich herstellen lässt. Bei Durchsicht verschiedener Münchener Hss. des Anonymus, (z. B. Nr. 4144 und 14637) constatirte ich, dass auch in diesen mehrfach Auslassungen von Ortsnamen durch Versehen der Abschreiber vorgekommen sind. Wir werden demnach festzuhalten haben, dass dem Inquisitionsbericht von 1315 einfach die kurze Notiz über die Inquisition des Jahres 1266 sammt der dieselbe betreffenden Ortsliste des Anonymus angehängt worden ist. Auch in das Werk des Anonymus scheint die Liste von dem Verfasser erst nach Abschluss des betreffenden Abschnittes aufgenommen worden zu sein. Die Anordnung der Liste ist eine geographische; zuerst werden niederösterreichische, dann oberösterreichische Gemeinden, und innerhalb dieser beiden Abtheilungen wieder Gruppen benachbarter Orte aufgezählt, was für die Feststellung der richtigen Namensformen von Wichtigkeit ist. Die Nachweisungen von Preger und namentlich von Friess benutzend, aber auch ergänzend und berichtigend, lassen wir die Liste der waldensischen „Schulen" folgen: in Niederösterreich: Lengenfeld, Stratzing, Langenloibs (vergl. Oesterley, hist.-geogr. Wörterbuch des deutschen Mittelalters S. 406), Drosendorf, St. Oswald (bei Persenbeug), Anzbach bei Neulengbach, Ollersbach bei Neulengbach (Oesterley S. 501), Christofen, Böheimkirchen bei St. Pölten, Ips, St. Georgen (südl. v. Seitenstetten?, südl. v. St. Pölten?, a. Reith bei Waidhofen?, a. d. Leis bei Scheibbs?, n. Walde bei Grein?), Amstetten, Winklarn (Bezg. Amstetten), Neustadtl bei Ips, Ardagger, Seitenstetten, St. Peter in der Au, Asbach (Aschbach, nordöstlich von Seitenstetten), Wolfsbach bei Amstetten, Weistrach (so richtig Pez), Haag, Sindlburg, St. Valentin bei Haag, Haidershofen, Nöchling bei Amstetten; in Oberösterreich: Steyer, St. Florian, Ansfelden, Sierning, Weisskirchen (bei Neuhofen), Kematen (sicher bei Neuhofen, und nicht am Innbach), Neuhofen, Wels, Schwannenstadt, Gunskirchen, Marienkirchen bei Waitzenkirchen, Pupping bei Efferding, Grieskirchen bei Wels, Naarn westl. v. Grein, Ens, Puch-

auftretenden Geissler und die um die Mitte des 13. Jahrhunderts nach dem Südosten Deutschlands sich verbreitende Secte der Brüder vom freien Geiste offenbar nur eine unbedeutende Rolle spielten [1]). Die grosse Masse der österreichischen Waldenser hat jedenfalls der Landbevölkerung und dem Handwerkerstand angehört, aus welch letzterem auch die Mehrzahl ihrer „Meister" — d. h. der eigentlichen „Armen", welche sich der apostolischen Armuth, Keuschheit und Wanderpredigt gelobt hatten — hervorging. Doch hören wir auch von erfolgreichen Versuchen dieser Reise-prediger, in den adelichen Familien des Landes Anhänger zu gewinnen; der Nachricht des David von Augsburg, dass auch ein staufisch gesinnter Reichsfürst zu den Waldensern Beziehungen unterhielt, haben wir bereits oben Erwähnung gethan. Dass sie andererseits auch die von der Welt und der Kirche verlassenen Kreise nicht verschmäht haben, zeigt uns die Thatsache, dass die Meister ihre Seelsorge auch den Leprosenhäusern zugewandt haben [2]). Die Conventikel oder „Schulen" der Waldenser — in der einzigen Pfarrei Kematen gab es deren zehn, die sich wohl ausser den Filialdörfern auch noch auf Weiler und Höfe ver-theilten — sind natürlich nicht als eigentliche kirchliche Gemeinden

kirchen bei Wels, Kammer im Attergau, Hubing bei Wels. Es ist wohl zu beachten, dass die Liste nur Pfarreien (ecclesiae) enthält, und dass bei einer Reihe von Namen die Notiz „ibi scolae" beigesetzt ist; in einzelnen Pfarreien, d. h. in deren Filialdörfern, Weilern, Höfen u. s. w. bestanden also mehrere „Schulen", so z. B. in der Pfarrei Kematen allein deren zehn! (Flacius S. 630: in sola parochia Cammach fuerunt decem scholae haereticorum.) An Conventikel nichtwaldensischer Secten (vergl. Preger, Beiträge S. 222) dürfen wir dabei sicherlich nicht denken. Ganz ähnliche Verhältnisse finden sich um 1387 bei den in den piemontesischen Thälern ver-folgten Waldensern (Archivio stor. italiano Ser. III, Tom. 1, parte 1, 2, 1865).

[1]) Ueber die österreichischen Geissler um 1261—62 vergl. Förste-mann, Die christl. Geisslergesellschaften S. 39 ff., über die pantheistischen Sectirer um die Mitte des 13. Jahrhunderts im schwäbisch-fränkischen Riess meine Mittheilung in Zeitschrift für Kirchengesch. VII, S. 503 ff. Vielleicht bezieht sich auf die letztgenannten Ketzer die Briefformel des 1312 voll-endeten Formelbuches des Bernold von Kaisersheim (n. von Donauwörth), worin ein Abt dem Papste über die in der Umgebung des Klosters ver-breiteten Häresien Anzeige erstattet. (Quellen zur baierischen und deutschen Geschichte. Bd. IX, Abth. 2, S. 856.)

[2]) Bibl. max. XXV, S. 263 H: ... docent etiam et discunt in domibus leprosorum; ib. S. 264 E: item in Newenhoffen et ibidem scholae leprosorum.

mit bis ins Einzelne geordneter Seelsorge zu betrachten. Doch war es gerade der Druck der äusseren Verhältnisse, welcher die Gläubigen der Secte als „Kunden" oder „Freunde" und als Glieder der „wahren Kirche Christi" gegenüber den Katholiken enge aneinander schloss und das religiöse Element zu dem alles Andere beherrschenden Mittelpunkt in dem Leben jener österreichischen Bauern und Handwerker werden liess. „Alle Leonisten, Männer und Frauen, Gross und Klein", so klagt der Anonymus, „lernen und lehren unablässig, bei Tag und bei Nacht; der Handwerker widmet den Tag seiner Arbeit, die Nacht religiöser Belehrung, so dass für das Beten wenig Zeit übrig bleibt: Neubekehrte suchen schon nach einigen Tagen auch Andere zur Secte zu ziehen." Wir sehen, der lockere Verband, der anderwärts die waldensischen Gläubigen mit den ursprünglich die eigentliche Secte bildenden „Vollkommenen", den Reisepredigern, verknüpft, ist hier bereits zu einer engen kirchlichen Gemeinschaft, welche auch die Keime wirklicher Gemeindebildung in sich schliesst, umgestaltet. An der Spitze der österreichischen Waldenser ist wohl der nach dem Zeugniss des Anonymus in Anzbach in Niederösterreich residirende Bischof gestanden; aber auch mit der Centralleitung der lombardisch-waldensischen Secte wurden Verbindungen unterhalten und den „Bischöfen" in der Lombardei Collecten zugeführt [1]).

In erster Linie war es wohl die sittliche Reinheit und Strenge der waldensischen Meister und ihrer Gläubigen und deren Contrast zu der von Zeitgenossen aufs schärfste getadelten Verwilderung des damaligen katholischen Klerus, welche der Verbreitung der Secte Vorschub leistete: von unserem Passauer Anonymus wird tadellose Lebensführung geradezu ein verdächtiges Kennzeichen der „Leonisten" genannt. Gleichwohl ist die Secte nicht nur auf die „Stillen im Lande" beschränkt geblieben, sondern ist offenbar mehr und mehr der Mittelpunkt auch für weit radicalere Strömungen der volksthümlichen religiösen Opposition geworden. Bereits ganz taboritisch klingt die von dem

---

[1]) Bibl. max. XXV, S. 263 H, ib. 266 C: item peregrinantur et ita Lombardiam intrantes visitant episcopos suos. ib. 274 A (Frageformular für die Inquirirung von Waldensern): an unquam collectas fecerit fratribus in Lombardia? ib. S. 264 D: item Emzempach (Preger: Einzinspach) et ibi scholae et episcopus.

Anonymus bezeugte Aeusserung österreichischer Waldenser, der Klerus solle durch Verweigerung der Zehnten und Einziehung des weltlichen Besitzes zur Tagelöhnerarbeit gezwungen werden; einem den Scheiterhaufen besteigenden Meister legt der Anonymus die Drohung in den Mund, dass bei gegebener Gelegenheit die Waldenser Gleiches mit Gleichem vergelten würden. Aber auch in blutigen Gewaltthaten sollte der durch die grausamen Verfolgungen genährte Hass der österreichischen Waldenser gegen die „Pharisäer und Schriftgelehrten" sich kundgeben: in Kematen (Oberösterreich, bei Neuhofen) und Nöchling (Niederösterreich) wurden die Pfarrer, angeblich zur Rache für die verurtheilten Waldenser jener Gemeinden, erschlagen [1]). Ueber den Ausgang der ganzen Verfolgung von 1266 berichtet die einzige uns erhaltene Quelle, die leider nur in einer späteren Bearbeitung vorliegt, dass die Inquisition nicht vollständig habe durchgeführt werden können; auch die Ermordung der eben genannten Geistlichen sei ungeahndet geblieben. Dem in Kurzem folgenden Zusammenbruche der Macht König Otakar's und den grossen politischen Umwälzungen, deren Schauplatz mit dem Emporkommen der Habsburger die südostdeutschen Länder wurden, hatten es die österreichischen Waldenser gewiss in erster Linie zu danken, wenn nach den Verfolgungen der sechziger Jahre eine kurze Ruhepause in der gegen sie gerichteten Thätigkeit der Inquisition eingetreten ist.

In den Oesterreich benachbarten deutschen Landschaften hat wohl erst der ausserordentlich rege Eifer, welchen die Päpste Alexander IV. und Urban IV. für die Unterstützung der Inquisition bekundeten, zu den daselbst ergriffenen Massregeln gegen die Verbreitung der Häresie und insbesondere des Waldenserthums die Anregung gegeben [2]). Aehnliche scharfe Verordnungen

---

[1]) Bibl. max. XXV, S. 264 C und F. Friess a. a. O., S. 257. Codex Vorowensis in Mon. Germ. Script. IX, S. 827: in Chempnaten plebanum et in Nachlingen plebanum cum socio occiderunt et vindicta nulla ex desidia prelatorum secuta fuit. Da es wenig wahrscheinlich ist, dass sowohl um 1266 als 1315 die Pfarrer von Kematen ermordet wurden, so ist wohl auch die Notiz über die Blutthat von Nöchling in die Zeit um 1266 zu setzen.

[2]) Ueber die Thätigkeit der Inquisition um die Mitte des 13. Jahrhunderts, vergl. Lea II, S. 222 ff. Raynaldus ad a. 1255, Nr. XXXI ff. Potthast, Regesta pontificum Romanorum, Vol. II, Nr. 15 797, 15 804—5, 15 824, 15 831, 15 952, 15 958, 15 969, 15 986, 15 995 (zum Jahre 1255),

gegen die Ketzer, wie sie das Mainzer Provinzialconcil im Jahre
1261 erliess, werden wir wohl auch für die verlorenen Salzburger Provinzialstatuten des Jahres 1260 vorauszusetzen haben [1]).
Einem Erlasse des Herzogs Ludwig II. von Baiern vom 17. De-
cember 1262 entnehmen wir, dass damals die Regensburger
Dominicaner als Inquisitoren thätig waren; ihre nachdrückliche
Unterstützung im Kampfe gegen die Häretiker wurde den her-
zoglichen Ministerialen und Behörden ans Herz gelegt. Näher
gekennzeichnet werden die Ketzer in jenem Erlasse nur insofern,
als es von ihnen heisst, falls sie nicht entdeckt worden, sei Leib
und Gut der Katholiken durch sie bedroht gewesen [2]). Einen
bestimmteren Fingerzeig gibt uns eine urkundliche Notiz aus dem
Jahre 1265, wornach der Vicepleban Konrad von Nittenau (am
Regen, nordnordöstlich von Regensburg) in der vorausgegangenen
Zeit Anhänger der waldensischen Secte zur Rechenschaft gezogen
hatte [3]). Damit sind ferner die Nachrichten des mehrfach angeführten Tractates des David von Augsburg (verfasst zwischen
1256 und 1272) zu verbinden, denen allem Anschein nach die
von David bei der Verfolgung baierischer oder schwäbischer
Waldenser gemachten Erfahrungen zu Grunde liegen [4]). Auf der

---

Nr. 16286, 16292, 16295, 16453, 16480, 16611 (zum Jahre 1256), Nr. 16667,
16679, 16685, 16764, 16945, 17097, 17102, 17112, 17113 (zum Jahre 1257),
Nr. 17236, 17302, 17377, 17381—2, 17400—1, 17403—5, 17414, 17429,
17434, 17436 (zum Jahre 1258), Nr. 18723, 18895 (zum Jahre 1263—4),
Nr. 19145, 19348, 19371—2, 19379, 19423, 19433 (zum Jahre 1265), über
die Inquisition in den Niederlanden 1250 ff. vergl. Duverger, L'inquisition
en Belgique S. 33 und Fredericq, Corpus S. 119 ff. Ueber die weite Verbreitung der Waldenser um 1260 vergl. Bibl. max. Lugd. XXV, S. 264 F:
fere nulla est terra, in qua haec secta non sit.

[1]) Vergl. Hartzheim, Concilia Germaniae III, S. 596; Janner,
Gesch. der Bischöfe von Regensburg II, S. 468 f. Albert den Grossen, der
1260—1262 den bischöflichen Stuhl von Regensburg innehatte, kennen wir
aus seinen Aufzeichnungen über die pantheistischen Sectirer im Ries (vergl.
oben S. 300, Anm. 1) als eifrigen Verfolger der Ketzerei.

[2]) Vergl. Beilage.

[3]) Ried, Codex chronologico-diplom. episcopatus Ratisbonensis I,
S. 481 (Beurkundung einer Schenkung des Chunradus viceplebanus in Nitnaw
an ein Regensburger Hospital): per quem inventi sunt et comprehensi here-
tici sectae pauperum de Lugduno.

[4]) Vergl. Müller, Die Waldenser S. 157 ff., (131 ff.); Preger,
Gesch. d. deutschen Mystik I, 273 f., und Abhandlungen der Münchener
Akad. Hist. Cl. XIV, Abth. 2, S. 193 f. Preger irrt, wenn er eine Aeusse-

1284 zu St. Pölten abgehaltenen Passauer Diöcesansynode wurde
dem Klerus eingeschärft, viermal im Jahre die Strafsentenzen
gegen die Häretiker zu verkündigen; die Unterlassung der Anzeige der der Ketzerei verdächtigen Personen wurde mit der
Strafe der Excommunication bedroht [1]. Von dem gleichzeitigen
Einschreiten der durch Rudolf von Habsburg [2] kräftig unter-
stützten Inquisition in den baierisch-österreichischen Ländern
hören wir nur im Salzburgischen, wo 1285 ein gewisser Albert
aus dem Lungau (östl. von Gastein), der sich einen evangelischen
Lehrer nannte und jede Autorität des Papstes leugnete, festge-
nommen und verbrannt wurde [3].

Zu Beginn des 14. Jahrhunderts brach ein abermaliger,
überaus heftiger Sturm von Verfolgungen über das Ketzerthum
in Oesterreich und den Nachbarländern los. Schon in den Prager
Synodalbeschlüssen vom Jahre 1301 ist von päpstlichen Inquisi-
toren in der Diöcese Prag die Rede, welchen die der Ketzerei
Verdächtigen angezeigt werden sollen [4]. Auf Grund von Klagen
über den zunehmenden Abfall von der Kirche in den nördlichen
Theilen des Patriarchates von Aquileja (also wohl in Kärnthen,
Krain und in der südlichen Steiermark) hiess der Patriarch
Ottobuono de Razzi (1303—1315) im Jahre 1313 den Karthäuser-
prior von Seitz (östl. von Cilli in Steiermark) gegen die dortigen
Ketzer einschreiten [5]. Für das Bisthum Passau ernannte Bischof

---

rung des Passauer Anonymus über die Missachtung der Eucharistie in
Baiern (quidam eucharistiam servant in cameris et in hortis ut in Bavaria)
auf die dortigen ketzerischen Kreise bezieht; wie der Zusammenhang zeigt,
rügt der Anonymus an jener Stelle Missbräuche, die sich bei dem katholischen Klerus eingeschlichen hatten.

[1] Hartzheim III, S. 677. Das Einladungsschreiben zu dem Salz-
burger Provincialconcil des Jahres 1288 erwähnt als eine der Aufgaben der
Versammlung „die den Weinberg des Herrn durchwühlenden Füchse mit
Gottes Hilfe zu verjagen" (Binterim, Pragmat. Gesch. der deutschen
National-, Provinzial- und Diöcesanconcilien V, S. 120), worunter ohne Zweifel
die Bekämpfung der Ketzerei verstanden wird.

[2] Vergl. die Formeln bei Bodmann, Codex epistolaris Rudolfi I., Rom.
regis S. 148 und bei Gerbert, Codex epistolaris Rudolfi I., Rom. regis S. 173 f.

[3] Annales St. Rudberti Salisb. ad a. 1285 (Scriptor. IX, 810).

[4] Dudik, Iter Romanum I, S. 213.

[5] Das Schreiben ist gedruckt bei de Rubeis, Monumenta ecclesiae
Aquilejensis S. 831 und von Friess S. 229 benutzt. Dank der Güte des
Herrn Archivdirectors von Zahn konnte ich seine Abschrift des Documentes

Bernhard zwischen 1308 und 1311, im Einvernehmen mit dem
Erzbischof Konrad von Salzburg und dem Herzog Friedrich dem
Schönen von Oesterreich, eine Anzahl von Inquisitoren, deren
Thätigkeit, nach den erhaltenen Nachrichten zu schliessen, sich
wieder vornehmlich auf den österreichischen Theil der Passauer
Diöcese concentrirte [1]). Im Jahre 1311 finden wir die Inquisitoren
in Steyer, wo sie eine Anzahl von Häretikern zum Tragen von
Busskreuzen verurtheilten, Andere dem Scheiterhaufen überant-
worteten; ein Theil der Angeklagten entzog sich der Verfolgung
durch die Flucht [2]). In den folgenden Jahren — Kaiser Friedrich's II. Ketzergesetze waren mittlerweile durch Heinrich VII.
erneuert worden [3]) — dehnte sich die Untersuchung über ganz
Niederösterreich aus. In dem eng begrenzten Gebiete zwischen
Traiskirchen und St. Pölten waren es nicht weniger als 36 Ortschaften, in denen die Ketzerei Eingang gefunden hatte; in Krems
erlitten 16, in St. Pölten 11, in Wien angeblich gar 102 Ketzer
den Feuertod. Unter den Opfern der Verfolgung wird auch ein
Bischof der österreichischen Ketzer genannt, der um 1315 zu
Himberg (südsüdöstl. von Wien) verbrannte Neumeister, der sein
Amt seit 50 Jahren verwaltet hatte. Seinem Zeugnisse zufolge
zählte die Secte allein im Herzogthum Oesterreich über 80,000
Anhänger, während in Böhmen und Mähren deren Zahl eine
geradezu unermessliche gewesen sein soll [4]).

aus den Kanzleibüchern des Melioranza (I f. 37, Museo civico zu Udine)
benutzen, die mehrfach correcter ist, als der a. a. O. vorliegende Druck.
Da das Schreiben zunächst auf Urkunden des Jahres 1313 folgt, so dürfte
es ebenfalls in dieses Jahr zu setzen sein.
[1]) Vergl. die Formel des sogenannten Formelbuches K. Albrecht's I.,
mitgetheilt von Chmel im Archiv f. Kunde östcrr. Geschichtsquellen II,
S. 248, sowie, bezüglich ihrer Datirung, Friess S. 226, Anm. 1.
[2]) Prevenhueber, Annales Styrenses S. 47 (nach den Jahrbüchern
von Garsten).
[3]) Böhmer, Regesta imperii 1246—1313, S. 302, wo der kaiserliche
Erlass wohl mit Recht in das Jahr 1312 gesetzt wird.
[4]) Die Hauptquelle für die geschilderten Vorgänge und die folgenden
Erörterungen ist der wahrscheinlich von einem Kremser Geistlichen her-
rührende Bericht über die 1315 (oder 1312?) zu Krems angestellte Inquisition, der uns in vier auf eine gemeinsame Quelle zurückgehenden Fassungen
vorliegt (Pez, Scriptores rerum Austriacarum T. II, col. 533 ff. nach einer
Hs. der Stiftsbibliothek von St. Florian, die, wie scheint, eine ältere und
ursprünglichere Form des Berichtes repräsentirt, Friess S. 254 ff. nach

Wie unsere im Anhang mitgetheilte Untersuchung über die
religiöse Stellung der österreichischen Sectirer von 1311 ff. zeigen
wird, haben wir dieselben der waldensischen Secte zuzurechnen,
die demnach die Verfolgungen der sechziger Jahre des 13. Jahrhunderts siegreich überdauert und namentlich in Niederösterreich ihr Verbreitungsgebiet weit ausgedehnt hatte. Den hass-
erfüllten Aeusserungen gegen die Hierarchie und den Cultus des
Katholicismus zufolge, welche die Inquisitionsberichte den Häretikern in den Mund legen, war die Kluft zwischen ihnen und
der Kirche eine noch tiefere als vordem geworden. Schon
standen die österreichischen Waldenser, wie ein in St. Pölten
verbrannter Anhänger der Secte aussagte, im Begriffe, ihren
Glauben öffentlich zu predigen und mit den Waffen in der Hand
zu vertheidigen; einer der Inquisitoren, der Kremser Dominicaner-
prior Arnold soll angeblich im Jahre 1318 von den Ketzern in
Krems auf der Kanzel angefallen und ermordet worden sein [1]).
Am deutlichsten verräth sich die Leidenschaft des von der Kirche
gegen das Waldenserthum geführten Kampfes in den Anklagen,
welche jetzt die österreichische Inquisition gegen die Secte er-
hob und welche ihren Zweck, die Waldenser zum Abscheu der
frommen Gemüther zu machen, wohl vielfach erreicht haben.
Satansdienst und grauenvolle Unsittlichkeit, die in unterirdischen
Räumen verübt wird, diese Vorwürfe werden auf Jahrzehnte
hinaus stehende Anklageartikel in den gegen die Waldenser
geführten Untersuchungen, deren eigentlichen Lehrbegriff wir
erst in den Inquisitionsacten des ausgehenden 14. Jahrhunderts

---

einer Klosterneuburger Hs., Annales Matseenses in Mon. Germ. Script. IX,
S. 825 f. und die Fassung einer Hs. des Klosters Vorau, ebenda). Die gemeinsame Quelle hatte bereits am Schlusse die Notiz über die Inquisition
des Jahres 1266 und die bei dem Passauer Anonymus begegnende Ortsliste
beigefügt, welche F r i e s s (a. a. O. 228 und Archiv f. österr. Gesch. 64,
S. 89, Anm. 4) und M ü l l e r (Die Waldenser S. 154 [128] ff.) auf die Inquisition der Jahre 1311 f., P r e g e r (Beiträge S. 220 ff., Ueber das Verhältniss der Taboriten zu den Waldesiern etc. S. 27) richtig auf die Ketzerverfolgung der Jahre 1260 ff. bezog. In wenig veränderter und erweiterter
Form begegnet der Bericht auch in dem Chronicon Hirsaugiense des J o h.
von Trittenheim (St. Gallen, 1690, Tom. II, S. 139 f.).

[1]) So berichtet F. S t e i l l, Ephemerides Dominicano-sacrae I, 2,
S. 69 f. „ex registr. conv. Crembsensis". Andere Nachweise bei F r i e s s
S. 231.

wieder zu erkennen vermögen. Die letzte Consequenz aus diesem Anklagesystem hat man bekanntlich im 15. Jahrhundert in den romanischen Ländern gezogen, wo „Vauderie" geradezu der technische Ausdruck für die Anklage auf Zauberei und Teufels-buhlschaft geworden ist.

Die Angabe des Inquisitionsberichts von 1315, dass die in Ober- und Niederösterreich verfolgte Secte auch in den Nach-barländern massenhaften Anhang gehabt habe, legt es nahe, die Berichte über gleichzeitige Ketzerverfolgungen in anderen südostdeutschen Landschaften gleichfalls mit den Waldensern in Verbindung zu bringen. In erster Linie gilt dies bezüg-lich Böhmens und Mährens[1]), wo, wie wir sahen, die In-quisition bereits zur Zeit der Waldenserverfolgung von 1260 ff. in Thätigkeit getreten, und wo nach der Aussage des öster-reichischen Waldenserbischofs Neumeister das Waldenserthum um 1315 besonders tief eingewurzelt war. Die Irrthümer, die Papst Johann XXII. den um 1318 verfolgten böhmischen Ketzern auf Grund der ihm aus Böhmen zugegangenen Berichte beilegt[2]), sind zum Theile dieselben wie diejenigen, welche uns in dem Kremser Inquisitionsberichte begegnen: Verwerfung des Eides, Verwaltung der Busssacramente innerhalb der Secte, Erwartung der Erhöhung Lucifers, Veranstaltung von schändlichen Orgien, welche sich an die in Höhlen stattfindenden Predigten der ketze-rischen Bischöfe anschliessen; ausserdem wird den böhmischen Ketzern noch die Vornahme der Wiedertaufe, Leugnung der Auferstehung der Todten und der Trinität und die Irrlehre,

---

[1]) Auffallend ist angesichts der im Folgenden zu besprechenden That-sachen die Aeusserung des Bischofs Bruno von Olmütz in seinem Schreiben an Papst Gregor X. vom 1. Januar 1273 über den Zustand seiner Diöcese: de infidelibus vero inter nos conversantibus, deo teste, de haereticis nihil ecimus (Codex dipl. et epistolar. Moraviae VI. 369). Auch in den Olmützer Synodalstatuten von 1318 (ib. VI, 385) geschieht der Häretiker nicht Er-wähnung.

[2]) Bulle vom 1. April 1318, abgedruckt bei Dudik, Iter Romanum II, 136 ff., auch erwähnt bei Peter von Königsaal (Königsaaler Geschichts-quellen, hrsg. v. Loserth S. 366); die Anzeige über das Ueberhandnehmen der Ketzerei in Böhmen war dem Papste von dem mit dem Prager Bischof aufs heftigste verfeindeten Domherrn Heinrich von Schönburg erstattet worden, was bei der Beurtheilung der Glaubwürdigkeit der diesbezüglichen Angaben der Bulle nicht ausser Acht gelassen werden darf.

Christus habe einen Scheinleib gehabt, vorgeworfen. An ihrer Spitze stand angeblich ein Erzbischof mit sieben Bischöfen, deren jeder über 300 Gläubige gesetzt war. Ohne Frage hat ein Gemisch von zum Theil arg missverstandenen Zügen des waldensischen und katharischen Lehrsystems als Unterlage für die Aufstellung jener Anklagepunkte gedient. Wir fügen aber auch sofort hinzu, dass durch dieselben Gründe, welche uns die Zugehörigkeit der Kremser Ketzer zu den Katharern verneinen liessen, die Annahme, das Katharerthum habe in Böhmen bis ins 14. Jahrhundert hinein fortbestanden, ausgeschlossen wird; für eine Beziehung des Berichtes auf die Secte vom freien Geiste sind Anhaltspunkte überhaupt nicht gegeben. Weist andererseits das päpstliche Schreiben von 1318 im Zusammenhalt mit dem gleichzeitigen entschiedenen Vorgehen der Curie gegen die Häretiker in Böhmen und den Nachbarländern auf eine straffe Organisation und weite Verzweigung der verfolgten Secte hin, so werden wir auch hierdurch wieder auf die Waldenser geführt; die Thatsache ferner, dass nur deren Secte, abgesehen von den hier nicht in Betracht kommenden Begharden, in der Folge die böhmische Inquisition beschäftigt und dass insbesondere die von den besprochenen Ereignissen nur durch eine kurze Spanne Zeit getrennte Inquisition der Jahre 1330 ff. sich gegen die waldensische Secte kehrte, lässt kaum einen anderen Schluss zu als den, dass die böhmischen Häretiker von 1318 ff. Waldenser gewesen sind [1]).

Auch zeitlich gehören die österreichische und böhmische Ketzerverfolgung zusammen. Die letztere hatte aller Wahrscheinlichkeit nach, nachdem bereits die Prager Synodalstatuten des Jahres 1301 die Aufmerksamkeit des Klerus auf die Häretiker gelenkt hatten [2]), um 1315 erhebliche Ausdehnung gewonnen; in Prag bestiegen in diesem Jahre 14 Verurtheilte den Scheiterhaufen. Wohl die Gewaltthätigkeit des Vorgehens der Inquisitoren hatte heftige Conflicte zwischen diesen und dem Prager Bischof Johann von Dražik (1301—1343) zur Folge, in deren

---

[1]) Die zuerst von Dubravius (Hist. Boh. l. XX, p. 168) ausgesprochene, jeder Begründung entbehrende Ansicht, die böhmischen Ketzer von 1315 ff. hätten der Secte der Apostoliker angehört, ist bis auf die Gegenwart vielfach wiederholt worden. Die genannte Secte hat auf deutschem Gebiete nie Boden gefasst.

[2]) Dudik I, 213.

Verlauf der Bischof, aber auch König Johann von Böhmen dem Papste als Beschützer der Ketzer denuncirt wurden [1]). Bekanntlich haben die gegen den Bischof von einem persönlichen Feinde, dem Domherrn Heinrich von Schönburg, erhobenen Anklagen im Jahre 1318 zur Suspension und Vorladung desselben nach Avignon geführt, von wo er erst im Jahre 1329 in seine Diöcese zurückkehrte. In wieweit jene Wirren durch den gleichzeitig in Böhmen tobenden Bürgerkrieg [2]) mitherbeigeführt waren, entzieht sich der Entscheidung.

Die unmittelbar nach der Abberufung des Prager Bischofs von der Curie ergriffenen Massregeln belehren uns, dass man die Gefahren, mit welchen die Verbreitung der Häresie in Böhmen und den Nachbarländern die Kirche bedrohte, als sehr ernste angesehen hat. Eine wahre Fluth von päpstlichen Bullen ging am 1. Mai 1318 an die Bischöfe von Olmütz, Meissen und Krakau, an den König von Böhmen, den Markgrafen von Meissen, die Herzöge von Krakau und Breslau, die böhmischen Landherren und die Magistrate der böhmischen und mährischen Städte aus, welche den Adressaten die geschehene Ernennung von päpstlichen Inquisitoren für die bezeichneten Gebiete ankündigten und deren eifrige Unterstützung in dringlichster Weise forderten. Die an die Bischöfe gerichteten Bullen enthalten den Vorwurf, dass diese nicht wachsam genug ihres Amtes gewaltet und damit dem Umsichgreifen der Ketzerei Vorschub geleistet hätten. Zu Inquisitoren für die Diöcesen Krakau und Breslau werden der Dominicaner Peregrinus von Oppeln und der Minorit Nicolaus Hyspodinet von Krakau, zu solchen für die Diöcesen Prag und Olmütz der Dominicaner Colda aus dem böhmischen Herrengeschlechte von Colditz [3]) und der Minorit Hartmann von Pilsen ernannt [4]).

---

[1]) Vergl. Palacky, Ueber die Beziehungen und das Verhältniss der Waldenser zu den ehemaligen Secten in Böhmen (1869) S. 12 ff.; Tomek, Gesch. der Stadt Prag S. 580 f.; Dudik II, 136 f., 101 Nr. 146.

[2]) Vergl. Palacky, Geschichte von Böhmen II, 2, S. 113 ff.

[3]) Vergl. über ihn — er war zugleich päpstlicher Pönitentiar und Lector im Prager Dominicanerkloster — Tomek's Geschichte von Prag I, S. 485, 520.

[4]) Die päpstlichen Schreiben in Codex dipl. et epistol. Moraviae VI, 101—106, auch bei Wadding, Annales minorum VI, ad a. 1318 Nr. 2—6 und Theiner, Vetera monum. Poloniae et Lithuaniae I, 137—139.

Ueber die Ergebnisse der in Böhmen angestellten Inquisition sind wir ohne Nachricht. Wir erfahren nur beiläufig,
dass die Glaubensrichter auch diesmal wieder dort auf Widerstand stiessen; einen Ordensbruder des Dominicaners Colda,
Nicolaus Otachari, den dieser zu seinem Subdelegaten ernannt
hatte, haben angeblich die ihm aus Anlass seiner gewissenhaften
Ausübung erwachsenen Anfeindungen sogar zum Austritt aus
seinem Orden genöthigt [1]). In Schlesien war dagegen schon
vor Aufstellung der päpstlichen Inquisitoren eine systematische
Ketzerverfolgung seitens der vom Breslauer Bischof Heinrich I.
damit beauftragten Breslauer Dominicaner und Minoriten einge-
leitet worden. Im Jahre 1315 bestiegen 50 Personen, unter
ihnen Weiber und Kinder, in Schweidnitz den Scheiterhaufen;
andere Autodafé's fanden in Breslau, Neisse und anderen Plätzen
statt, nicht ohne dass auch hier in weltlichen und klerikalen
Kreisen oppositionelle Stimmen gegen das Vorgehen der Inquisition laut geworden wären [2]).

Im Herzogthum Oesterreich dauern auch nach der blutigen
Verfolgung von 1311—1318 die Klagen über das Ketzerthum
fort. In den Mittheilungen des Abtes Johann von Victring über
die um 1327 in Oesterreich und Böhmen verbreiteten Häretiker
wird die frühere Anklage der Veranstaltung von Orgien in unterirdischen Höhlen gegen die „adamitische Secte" — zum ersten
Male begegnet uns hier die Bezeichnung in diesem Zusammenhang — wiederholt, daneben der Vorwurf der Verwerfung der Messe

[1]) Vergl. Dudik II, 102, 104, 194.
[2]) Vergl. Grünhagen, Geschichte Schlesiens I, 162 und Anhang 63.
Erwünschte Aufschlüsse gewährt auch das von Wattenbach herausgegebene
Formelbuch des Domherrn Arnold von Protzan (Codex diplomaticus Silesiae V);
Nr. 64 des Formelbuches unterrichtet von der Absetzung eines Geistlichen
der Breslauer Domkirche durch Bischof Heinrich I. (1301—1319), der u. a.
in einer zu Breslau gehaltenen Predigt für die der Ketzerei Verdächtigen
eingetreten war; in Nr. 69 werden die Ketzerverbrennungen in Schweidnitz
und Neisse erwähnt und der Klerus zur Verfolgung der flüchtig gewordenen
und sich verborgen haltenden Ketzer ermuntert; Nr. 70 und 71 behandelt
die Ernennung von Inquisitoren; nach Nr. 72 sind Ketzer nach Neisse geflüchtet, wo sie ihre Lehren verbreiten; in Nr. 89 wird der Famulus eines
Breslauer Bürgers, der als Helfer der Ketzer aufgetreten ist und die Inquisitoren bedroht hat, excommunicirt; in Nr. 95 wird der Archidiacon von
Glogau, Magister Mirislaus, als der Ketzerei im höchsten Grade verdächtig
genannt.

und der Fürbitte für die Todten erhoben [1]). Ganz ins Fratzenhafte verzerrt erscheint das Bild der österreichischen Häretiker
bei Johann von Winterthur (zum Jahre 1338), der die Schilderung
der schamlosen Zusammenkünfte der Secte noch durch Teufelserscheinungen verschiedener Art belebt [2]). Gemeinsam ist beiden
Berichten die Angabe, dass die Ketzer heftig verfolgt und in
grosser Zahl auf den Scheiterhaufen geführt worden seien. Aus
anderen Quellen erfahren wir, dass 1336 in Klosterneuburg, 1338
in Enns, Steyer und sonstigen Orten zahlreiche Ketzerverfolgungen stattfanden; die Inquisition begegnete dabei, wie es scheint,
mehrfach einem sehr entschlossenen Widerstande, der auch einer
Reihe von katholischen Geistlichen das Leben kostete [3]).

Dass es sich bei diesen Vorgängen um ein planmässiges
Vorgehen gegen das immer bedrohlicher sich ausbreitende Wal-

[1]) Böhmer, Fontes rerum Germanicar. I, 402.
[2]) Ausgabe von G. v. Wyss im Archiv f. schweizerische Geschichte
XI (1856) S. 129 und 130 f. Vergl. auch seinen monströsen Bericht über
die brandenburgischen Ketzer des Jahres 1338 a. a. O. S. 136.
[3]) Catalogus abbatum Glunicensium in Pez, Scriptor. rer. Austriac.
II, 330: eo tempore (1336), praecipue autem anno 1338 in civitate Laureacensi et Styrensi aliisque vicinis locis suborta est inquisitio haereticorum
et ab istis econtra persecutio catholicorum, praesertim cleri et religiosorum.
Annales Mellicenses (Mon. Germ. Script. IX, 512) zum Jahre 1338: magna
multitudo hereticorum in lucem deducta est, qui clericos seculares et religiosos plures occiderunt. Kleine Klosterneuburger Chronik im Archiv für
Kunde österr. Geschichtsquellen VII, 232: 1336 hat man die Ketzer zerstört,
was man ir fandt, in der Drischlergassen und in der Gaysluecken. Zum
Jahre 1340 berichtet Johann von Victring (ed. Böhmer S. 438), ein
Priester Rudolf habe in Reichenhall und dann wiederholt in Salzburg den
Kelch vom Altare genommen und den consecrirten Wein verschüttet; desshalb zur Rechenschaft gezogen, habe er sich gegen die Taufe und das Altarsacrament ausgesprochen und sich zu der Ansicht, dass die gefallenen Engel
wieder erhöht werden könnten, bekannt. Er wurde als unbussfertiger Ketzer
verbrannt. Ein bestimmtes Urtheil über seine religiöse Stellung ermöglichen diese Angaben nicht. Um 1327 erklärte sich Erzbischof Friedrich III.
von Salzburg dem Papste Johann XXII. gegenüber bereit, mit seinen
Suffraganbischöfen und den päpstlichen Inquisitoren seiner Provinz gegen
etwaige Anhänger und Vertheidiger der Lehren der Fraticellen einzuschreiten
(Mayer, Beiträge zur Gesch. des Erzbisth. Salzburg II, im Archiv für
österr. Geschichte 62, S. 165); ein Zusammenhang zwischen den Fraticellen,
über deren Verbreitung in den österreichischen Ländern sonst nichts bekannt ist, und der oben geschilderten religiösen Bewegung in Oesterreich
hat keinesfalls bestanden.

denserthum handelte, machen die zu derselben Zeit gegen die
Waldenser in Franken [1]), der Mark Brandenburg [2]), in Böhmen
und Polen eingeleiteten Processe in hohem Grade wahrscheinlich.
Die Acten über eine um 1330 in Böhmen und Polen gegen
die dortigen Waldenser angestellte Untersuchung waren noch im
Besitz des Flacius; seinen Mittheilungen daraus ist die Thatsache
des Fortbestehens einer engen Verbindung der lombardischen
Centralleitung der waldensischen Secte mit deren Anhängern in
Böhmen und Polen zu entnehmen [3]).   Auf diese Inquisition bezieht
sich ohne Frage eine Reihe von päpstlichen Schreiben, die in den
Jahren 1327 und 1330 nach Polen und Ungarn gerichtet
wurden.   Am 1. April 1327 theilt Papst Johann XXII. dem Erzbischof von Gnesen uud dessen Suffraganen, ferner dem Bischof
von Kammin und dem König Wladislaw von Polen mit, dass er
es für nothwendig befunden, Massregeln gegen die aus Deutschland und Böhmen nach Polen eindringende Ketzerei zu treffen;
er habe desshalb dem polnischen Dominicanerprovinzial Vollmacht
zur Aufstellung von Inquisitoren ertheilt, die von den Adressaten
unterstützt werden sollen [4]).   Am 1. Februar desselben Jahres

---

[1]) Vergl. meine „Religiösen Secten in Franken" S. 4 und 18 ff. Johann
von Winterthur berichtet untei dem Jahre 1334 und 1346 über Ketzerverbrennungen in Nürnberg (a. a. O. S. 108 und 236), die ebenso wie die
grosse Untersuchung vom Jahre 1332 am ungezwungensten mit der waldensischen Secte, zu deren hauptsächlichsten Stützpunkten Nürnberg zu Ende
des 14. und Anfang des 15. Jahrhunderts gehörte, in Verbindung gebracht
werden.

[2]) Vergl. Wattenbach. Berliner Sitzungsberichte 1887, S. 518, und
meine „Husitische Propaganda in Deutschland" im Histor. Taschenbuch,
6. Folge, VII, (1888) S. 237, Anm. 1. Johann von Winterthur a. a. O. S. 136
(zum Jahre 1338).

[3]) Catalogus testium (Frankf. 1666) S. 638. Ein irgendwie stichhaltiger
Grund, der Angabe des in seinen Mittheilungen über die Waldenser durchaus
zuverlässigen Flacius bezüglich der zeitlichen Ansetzung dieser Inquisition mit
Preger (Ueber das Verhältniss etc. S. 6) zu misstrauen, liegt nicht vor;
wir werden im Gegentheil im Folgenden das Zeugniss des Flacius über die
von Preger angezweifelte polnische Ketzerverfolgung um 1330 ausdrücklich bestätigt sehen.

[4]) Theiner, Monumenta vetera Poloniae et Lithuaniae I, 297 f. Der
am Anfang des 17. Jahrhunderts schreibende Wengierski gibt an, um
1330 sei die waldensische Secte in der Gegend von Krakau verbreitet gewesen (Krasinski, Histor. sketch of the reformation in Poland I, 53).
Ausser den Waldensern wurden um diese Zeit auch Begharden durch die

hatte der Papst bereits für den Dominicanerprovinzial in Ungarn
die gleiche Vollmacht ausgestellt und dem ungarischen Klerus,
dem König Karl II., dem Ban von Slavonien, dem Grossfürsten
von Siebenbürgen und der Walachei, sowie den ungarischen
Magnaten die Förderung der Inquisition anbefohlen; von der das
ungarische Reich bedrohenden Ketzerei heisst es hier, dass sie
ihren Ausgangspunkt in den deutschen und polnischen Landschaften habe. Drei Jahre später, am 16. März 1330, fand es
der Papst für nothwendig, die Behinderung der ungarischen
Inquisitoren bei der Verfolgung der aus Deutschland und Polen
sich einschleichenden Ketzer nochmals unter allen Umständen zu
untersagen[1]). In Schlesien endlich finden wir im Jahre 1330
den Dominicaner Johann von Schweukenfeld aus dem Kloster
von Schweidnitz als päpstlichen Inquisitor thätig[2]).

Es lässt sich nicht deutlich erkennen, ob bei der 1335
erfolgten Aufstellung von Inquisitoren für die Diöcesen Prag
und Olmütz es sich um die Fortsetzung einer unmittelbar
vorausgegangenen Ketzerverfolgung, zu der die 1326 von dem
Mainzer Erzbischof angeordnete Visitation der Diöcese Prag[3])
Veranlassung gegeben haben mochte, oder um die Einleitung
einer neuen Inquisition gehandelt hat; die eben besprochenen
auf Polen und Ungarn bezüglichen Schriftstücke machen die
erstere Annahme wahrscheinlicher. Wie in den genannten
Ländern, so werden auch in Böhmen und Mähren der zum Inqui-

polnische Inquisition verfolgt, u. a. um 1319 in der Diöcese Wladislaw
(Theiner I, 150, 163) und 1354 im ganzen polnischen Reiche (Theiner
I, 555). Eine an den polnischen Dominicanerprovinzial gerichtete päpstliche Bulle vom 29. April 1327 erwähnt Wattenbach (nach Bullar.
praedicat. II, 175) im Codex dipl. Silesiae V, 1 Nr. 69 Anm.

[1]) Theiner. Vetera monumenta historica Hungariam sacram illustrantia I, 511 ff., 527. Eine Beziehung der Schriftstücke auf die im südlichen Ungarn und namentlich in Bosnien verbreiteten südslavischen Katharer,
gegen die im gleichen Jahre das Kreuz gepredigt wird, sowie auf die 1326
in Ungarn genannten Fraticellen (Theiner, I, 506, 513) ist jedenfalls
ausgeschlossen.

[2]) Grünhagen, König Johann von Böhmen und Bischof Nanker
von Breslau. Sitzungsberichte der Wiener Akademie. Philos.-hist. Classe 47
(1864) S. 86; Wattenbach, Codex dipl. Siles. V, 1, Nr. 69 Anm., wornach Joh. von Schwenkenfeld am 23. November 1330 als Inquisitor für die
Diöcese Breslau bevollmächtigt wurde.

[3]) Vergl. Emler, Regesta Bohemiae et Moraviae I. III, 459, 469.

sitor für die Prager Diöcese ernannte Dominicaner Gallus de
Novo Castro [1]) (Nimburg, Gratzen bei Budweis, Neuhaus?) und
sein für die Olmützer Diöcese bestimmter Amtsbruder, der Minorit
Petrus von Naczeracz, dem König und dem Thronfolger,
dem Burggrafen von Prag, den Bischöfen und dem Klerus
behufs thatkräftiger Förderung der Inquisition empfohlen. Und
wie dort so heisst es auch von den böhmischen Ketzern, dass
sie aus Deutschland und den umliegenden Landschaften einge-
drungen seien; auch in dem sofort zu besprechenden päpstlichen
Schreiben vom Jahre 1340 werden die in ganz Böhmen, besonders
aber auf den Herrschaften des Ulrich von Neuhaus verbreiteten
Ketzer als „Deutsche und Fremdlinge" bezeichnet [2]). Aus all'
dem scheint hervorzugehen, dass die Inquisition von 1327 ff. in
erster Linie die erst jüngst germanisirten, an das Herzogthum
Oesterreich anstossenden Landestheile von Böhmen, Mähren und
Ungarn, dann auch Schlesien und die angrenzenden polnischen
Gebiete, wo in vielen der bedeutenderen Städte, wie z. B. in
Krakau, das deutsche Element die Oberhand hatte, betroffen
haben wird [3]). Auf einer weit in das tschechische Sprachgebiet

----

[1]) Die gewöhnliche Uebersetzung für Neuhaus ist im 14. Jahrhundert
„Nova Domus"; in früherer Zeit kommt mehrfach auch der Name „Novum
Castrum" vor. Vergl. Pangerl, Die Witigonen, Archiv f. österr. Geschichte
51, 559, 562. Nimburg a. d. Elbe war Sitz eines Dominicanerklosters.
[2]) Codex diplom. et epist. Moraviae VII, 52—56; Dudik, Auszüge
für Mährens allgem. Gesch. aus den Regesten der Päpste (1885) S. 6 f.;
Raynaldus ad a. 1335, Nr. 61—62. Wenn es heisst, dass die Ketzer „de
remotis tam Alamaniae quam circumpositis regionibus" nach Böhmen
gekommen sind, so ist hier wie an den entsprechenden Stellen der nach
Polen und Ungarn gerichteten Schreiben der Nachdruck offenbar darauf
gelegt, dass die Häretiker aus fremden (remotis) Ländern kommen, deren
Namen dann erklärend beigesetzt werden; dagegen können die Stellen
unmöglich so verstanden werden, dass nach Ungarn die Häretiker aus entfernten Gegenden Deutschlands und Polens, nach Polen aus entfernten
Landschaften Deutschlands und Böhmens u. s. w. kommen. Die deutschen
Einwanderer, welche die päpstlichen Briefe nennen, haben wir uns gewiss
nur zum kleineren Theil als Flüchtlinge, — vergl. über solche z. B. die
Urkunde von 1336, worin König Johann von Böhmen verheisst, die auf-
rührerischen Unterthanen der Herzöge von Oesterreich nicht aufzunehmen
(Codex dipl. Morav. VII, 94) — in ihrer Hauptmasse aber als Colonisten
zu denken.
[3]) Ueber die deutsche Einwanderung in Böhmen, Mähren und Ungarn,
namentlich im 13. Jahrhundert, vergl. Huber, Geschichte Oesterreichs I,

hineinragenden deutschen Sprachinsel des südlichen Böhmens, in Neuhaus [1]), finden wir den böhmischen und mährischen Inquisitor im Jahre 1338 in vereinter Thätigkeit [2]). Nachdem eine Anzahl der häretischen Unterthanen des Dynasten Ulrich III. von Neuhaus — sein Gebiet umschloss unter anderm das südwestlich von Tabor gelegene Deschna und die mährischen Orte Zlabings und Teltsch — ihre Ketzerei abgeschworen hatte, führte die Abreise des Inquisitors Gallus an den päpstlichen Hof zu Avignon um 1339 zu einem abermaligen allgemeinen Abfall von der Kirche. Wir erfahren aus einem an Ulrich von Neuhaus gerichteten Schreiben des Papstes Benedict XII. vom 6. März 1340, dass, ganz analog den früher von uns im Herzogthum Oesterreich beobachteten Verhältnissen, die böhmischen und mährischen Ketzer der gegen sie eingeleiteten Verfolgung entschlossen entgegentraten und durch Brandstiftung und Gewaltthätigkeiten verschiedener Art — der Papst spricht sogar von einer Fehdeerklärung der Häretiker gegenüber Ulrich von Neuhaus — die Inquisition lahmlegten. Die Angelegenheit war ernst genug, um den Neuhauser zu einer Reise nach Avignon zu veranlassen, wo ein förmlicher Kreuzzug gegen die Rebellen verabredet wurde; die Theilnehmer sollten dieselben kirchlichen Gnaden wie die Kreuzfahrer nach Palästina geniessen [3]). Dass der Inquisitor Gallus nach seiner Rückkunft nach Böhmen mit grosser Entschiedenheit gegen die Häretiker eingeschritten ist, ersehen wir aus einem Briefe. des Papstes Benedict XII. vom 13. September 1341, worin er die Ueberführung der durch Gallus verhafteten Ketzer in die Gefängnisse des Prager Bischofs anordnet, da für dieselben sonst keine Kerker vorhanden seien. Zur gleichen Zeit wird Ulrich von Neuhaus von dem

---

464 ff., 576 ff. — Ueber die deutsche Colonisation in Polen und Schlesien vergl. Caro, Geschichte Polens II, 525 ff., 555 f.; Grünhagen, Gesch. Schlesiens I, 36 ff., 58 ff., 87 ff., 111, 131.

[1]) Zur Geschichte der Germanisirung dieses Theiles von Südböhmen und zur Geschichte der Herren von Neuhaus vergl. Tupetz, Gesch. der deutschen Sprachinsel von Neuhaus und Neubistritz in den Mittheilungen des Vereins für Geschichte der Deutschen in Böhmen. Jahrgang XXVI (1888) Nr. 3 und 4, S. 283 ff., 359 ff.

[2]) Am 18. November 1338 besiegeln beide Inquisitoren als Zeugen eine in Neuhaus von Ulrich von Neuhaus ausgestellte Urkunde. Codex dipl. et epist. Moraviae VII, 157.

[3]) Cod. dipl. Mor. VII, 190.

Papste ersucht, für die Durchführung dieser Massregel einzutreten, und ebenso der böhmische Thronfolger, der spätere Kaiser Karl IV., zur Unterstützung des Inquisitors Gallus aufgerufen [1]). Bereitwillig gab Karl dem Verlangen des Papstes nach; schon um 1344 sehen wir das Inquisitionsgericht im Besitze einer Anzahl von Häusern in Prag, welche aus dem confiscirten Vermögen der verurtheilten Häretiker bezahlt werden [2]). Nichts desto weniger erhebt Papst Clemens VI. in einem Schreiben vom 30. Juni 1346, auf Beschwerden des Inquisitors Gallus sich berufend, bei dem Prager Erzbischof abermals Klage über den Mangel von Gefängnissen für die böhmischen Ketzer und heisst den Erzbischof Abhilfe treffen [3]). Im Vertrauen auf die in ihrer Art in Deutschland einzig dastehende mächtige Unterstützung seitens des Landesfürsten scheint der Inquisitor Gallus in Ausübung seines Amtes den Bogen allzu straff gespannt zu haben. In der Zeit nach seiner Rückkehr aus Avignon wurde er in Prag von einem im Einvernehmen mit Mitverschworenen handelnden gewissen Albert überfallen und verwundet; wohl nur durch glücklichen Zufall ist er dem Schicksal seines Ordensbruders, des ermordeten schlesischen Inquisitors Johann von Schwenkenfeld entgangen [4]).

Dass die auf den Neuhausischen Gütern verfolgten Ketzer in ihrer Mehrheit den Waldensern zuzurechnen sind, dürfte aus dem

---

[1]) Dudik S. 14 und 23.

[2]) Vergl. die Formel in der „Summa Gerhardi", hrsg. von Tadra, Archiv f. österr. Gesch. 63, 369. Der in der Formel genannte Prager Stadtrichter W[enceslaus Rokyczaner], welcher für die Bezahlung der Kaufsumme für die zu Gunsten der Inquisition angekauften Häuser Bürgschaft geleistet hatte, bekleidete jenes Amt 1337 — Mai 1342 und Juli 1343 — März 1344. Vergl. Tomek, Gesch. der Stadt Prag I, 634, 646. — Frind, Kirchengesch. Böhmens II, 86. nennt als Nachfolger des Gallus als Inquisitor den Dominicaner Konrad, bemerkt aber an einer späteren Stelle (II, 273), dass derselbe mit dem Inquisitor Johann von Schwenkenfeld verwechselt werde.

[3]) Dudik S. 31.

[4]) Vergl. die Formel in dem von Tadra herausgegebenen Formelbuch des Erzbischofs Arnest von Prag (1343—1364) im Archiv für österr. Geschichte 61, 405. Eine genauere Bestimmung des Datums der Formel, als „um 1350", ist schwerlich möglich. Nach Tadra S. 272 rühren die Formeln der „Concellaria Arnesti" meist aus der Zeit 1350—1360 her. Ob das gleichfalls in der Cancellaria (S. 324 ff., 426) erwähnte Attentat auf den Canonicus von Wyssegrad, Ulrich Neumburger, mit dem berührten Vorgang in Verbindung steht, muss dahingestellt bleiben.

Zusammenhang der bisher besprochenen Thatsachen mit ziemlicher Wahrscheinlichkeit hervorgehen. Es kommt hinzu, dass das päpstliche Schreiben vom 6. März 1340 geheime Zusammenkünfte der Ketzer „mit ihren Meistern, die sie Apostel nennen", erwähnt [1]), dass die Ketzer, wie schon bemerkt, als „insgemein Eingewanderte und Deutsche" bezeichnet werden, dass endlich in der Nähe des im Süden an Niederösterreich anstossenden und Theile des mährischen Thaya-Thales einschliessenden Neuhauser Gebietes die in den Untersuchungen von 1260 ff. und 1390 ff. als Sitze von Waldensern genannten Orte Drosendorf und Hardeck, beide an der Thaya gelegen, sich befinden.

In Arnest von Pardubic (1343—1364), wohl dem bedeutendsten in der gesammten Reihe der Prager Kirchenfürsten, erstand dem böhmischen Ketzerthum ein höchst gefährlicher Gegner. Wie ihm die Einrichtung des ständigen böhmischen Inquisitionsgerichtes zuzuschreiben ist, so hat er auch seinen Diöcesanklerus fortgesetzt zur Wachsamkeit gegenüber der Häresie angehalten. So fordern bereits die Diöcesanstatuten von 1343 die Verfolgung der Häretiker und ihrer Gönner durch die Pfarrgeistlichkeit, in erster Linie ihre Anzeige bei dem Erzbischof und seinen Inquisitoren; dieselbe Verordnung kehrt in den Statuten von 1353 und von 1355 wieder. Die kirchliche Verwaltung der Prager Diöcese

---

[1]) Cod. dipl. Mor. VII, 190: in errores pristinos sunt relapsi, conventiunculas illicitas cum magistris eorum, quos vocant apostolos, faciendo. Preger (Ueber die Taboriten S. 8 f.) erblickt mit Recht in der Stelle einen Hinweis auf die waldensische Secte. Die Apostoliker und Katharer können aus den früher angegebenen Gründen nicht in Betracht kommen. Zwar heisst es auch einmal von den Begharden (Erlass des Erzbischofs Heinrich I. von Köln vom Jahre 1306 bei Mosheim, De beghardis et beguinabus S. 211 ff.), dass sie sich Apostel nennen; aber auf pantheistische Grübler kann die Erzählung von den Bauernaufständen im Neuhauser Gebiete am allerwenigsten bezogen werden. Die Unwahrscheinlichkeit der früheren Auffassungen von einer massenhaften Verbreitung der Secte vom freien Geiste und von deren angeblichen communistischen Tendenzen habe ich an anderer Stelle (Zeitschrift für Kirchengeschichte VII [1885], S. 533 ff.) darzulegen gesucht. Dass einzelne Glieder der Secte sich auch in Mähren fanden, zeigen die von Wattenbach (Sitzungsberichte der Berliner Akademie 1887, S. 517 ff.) mitgetheilten Bekenntnisse der Begharden Johannes und Albert von Brünn, welche sie vor Gallus de Novadomo ablegten, deren Glaubwürdigkeit allerdings von Punkt zu Punkt festzustellen sein wird. Von „Aposteln" der Secte vom freien Geiste ist auch hier nicht die Rede.

sowie der jetzt dem Erzbischof untergeordneten Diöcesen Olmütz und Leitosmischl wurde von Arnest durch seine Provinzialstatuten von 1349 zum Theil auf ganz neue Grundlagen gestellt, und namentlich wurde auf die Disciplin des Klerus und dessen gewissenhafte Amtsführung ein scharfes Augenmerk gerichtet; den Archidiakonen wurden sowohl in den Statuten als in speciellen Mahnschreiben des Erzbischofs alljährliche Visitationen der Pfarreien zur Pflicht gemacht, wobei vor Allem den Häretikern nachgespürt werden sollte [1]).

Als Inquisitor finden wir noch im Jahre 1346 den Dominicaner Gallus im südlichen Böhmen thätig. Wohl erst nach seinem Tode und, wie es scheint, nicht vor dem Jahre 1351 wurde das Amt des Inquisitors für die Diöcese Prag dem Dekan von Wyssegrad, Johann von Padua, übertragen; etwa zwischen 1351 und 1357 sind diesem dann der Prior des Dominicanerklosters zu Prag, Leo, und der Lector der Iglauer Dominicaner, Swatibor, als Amtsgenossen beigegeben worden. In dieselbe Zeit dürfte die Berufung des Lectors des dem Meissener Bisthum angehörenden Görlitzer Minoritenklosters, Siegfrid, zum Inquisitor der Prager Erzdiöcese fallen [2]). Die Machtbefugnisse, welche die Ernennungs-

---

[1]) Vergl. Höfler, Concilia Pragensia 1353—1413 in den Abhandlungen der Gesellsch. der Wissenschaften zu Prag. V. Folge. XII. S. XXVIII ff. 2, 5; Emler, Regesta dipl. Bohemiae et Morav. IV, 540; Loserth, Hus und Wiclif S. 30 ff.; Dudik (Olmützer Statuten von c. 1349) im Archiv f. österr. Gesch. 41, 207; Wilhelmi Wissegradensis vita Arnesti in Höfler's Geschichtschreibern der husitischen Bewegung II, 6: praecipue correctoris et inquisitoris officium censuit exercere, ut . . . haereticorum perfidiam et ipsorum doctrinam detestabilem realiter et efficaciter confutaret. Tadra, Cancellaria Arnesti im Archiv für österr. Gesch. 61, 348. — Die seit 1348 auch in Böhmen auftretenden Geissler hielt der Erzbischof in scharfer Zucht (Höfler a. a. O. und Benesch von Weitmühl z. J. 1348 in Scriptor. rer. Bohemicar. II, 347), ohne aber die öffentlichen Geisselungen schlechtweg zu verbieten (Dudik, Statuten von 1350 im Archiv f. österr. Gesch. 37, 416).

[2]) Tadra, Cancellaria Arnesti im Archiv f. österr. Gesch. 61, 330, 338 und 296, Anm. 2. In der Ernennungsformel für Leo und Swatibor wird Johann von Padua schon als Inquisitor genannt; im November 1350 führt er diesen Titel noch nicht (Dudik, Statuten der Prager Metropolitankirche von 1350 im Archiv f. österr. Geschichte 37, 422), um 1357 ist er nach Tadra's Vermuthung gestorben. Die Formeln der Cancellaria Arnesti gehören, wie bemerkt, grösstentheils der Zeit von 1350—1360 an.

decrete den Inquisitoren einräumen, sind sehr weit gesteckte;
sie dürfen zeitweilige oder ewige Kerkerstrafen verhängen, die
Angeklagten foltern, gegen Widerspenstige mit den schärfsten
kirchlichen Strafen einschreiten.

Es ist eine bedeutsame Thatsache, dass die uns über die Thätigkeit der genannten Inquisitoren erhaltenen Nachrichten abermals
ausschliesslich den südlichsten Theil von Böhmen, das an
Baiern, Ober- und Niederösterreich und Deutsch-Mähren angrenzende Dreieck, betreffen. So richtet Erzbischof Arnest an den Pfarr-
klerus des Bechiner Archidiakonats — dasselbe, das südlichste
der zehn Archidiakonate des Erzbisthums, umfasste gerade den
eben genannten Bezirk — in einer Formel seiner Cancellaria die
Mittheilung, dass der Inquisitor Swatibor in Kürze im Archidiakonate erscheinen werde, um daselbst, was sich als höchst
nothwendig herausgestellt, seines Amtes zu walten; er solle, über
die ihm von dem Bischof gewührten Diäten hinaus, seitens der
Geistlichkeit mit Geldbeiträgen unterstützt und in Ausübung
seines Amtes möglichst gefördert werden [1]). Noch bestimmter
wird das Feld der Thätigkeit Swatibor's in einer zweiten Formel
bezeichnet, die ihm, in Verhinderung des Johann von Padua,
die Vollmacht überträgt, auch allein die Inquisitionsprocesse im
Districte von Pisek durchzuführen [2]). Dass es sich hier, unweit
der deutschen Sprachgrenze — unter der Bevölkerung der Stadt
Pisek war zu jener Zeit wie in allen anderen freien königlichen
Städten Böhmens wohl das deutsche Element noch stark vertreten — um die Verfolgung einer seit Langem eingewurzelten
und sich von Geschlecht zu Geschlecht fortpflanzenden Ketzerei
handelte, scheint aus einer Stelle der Acten des Prager Consistoriums
von 1381 hervorzugehen; es heisst dort, der Priester Johl von
Pisek könne nicht ordinirt werden, weil sowohl sein Vater als
sein Grossvater als Ketzer verurtheilt worden seien [3]).

[1]) Cancellaria Arnesti S. 549. Als die zehn Archidiakonate, in
welche im 14. Jahrbundert die Erzdiöcese Prag getheilt war, führt Tomek
(Gesch. der Stadt Prag I, 84) auf: Prag, Kaurim, Bechin, Bischof-Teynitz,
Pilsen, Saaz, Bilin, Leitmeritz, Bunzlau und Königgrätz.
[2]) Cancellaria Arnesti S. 340.
[3]) Ebenda S. 340 Anm. Als königliche Stadt neben Pilsen, Klattau,
Taus, Mies u. s. w. wird Pisek u. a. in einem Privileg von 1337 genannt
(Emler, Regesta IV, 183). Ein „Seidil von Piesk" erscheint um 1338 mehrfach als Schöffe der (deutschen) Prager Altstadt in Urkunden (Emler IV, 202.

Auch in der Folgezeit ist die Umgebung von Pisek und Neuhaus, wie wir sehen werden, der hauptsächlichste Ausgangspunkt häretischer Bewegungen im südlichen Böhmen geblieben.

204 etc.). Die von mir vertretene These, dass uns in dem „Codex Teplensis" die Bibelübersetzung der deutschen Waldenser des Mittelalters erhalten ist, scheint durch die obenstehenden Erörterungen eine neue Bestätigung zu erfahren. Einerseits ist das südliche Böhmen allen Anzeichen nach ein Hauptsitz des Waldenserthums im 14. Jahrhundert gewesen; andererseits hat die von W. Weiss geführte „Untersuchung zur Bestimmung des Dialektes des Codex Teplensis" (Hallenser Dissertation 1887) zum Ergebniss geführt, dass die Bibelübersetzung der Tepler Handschrift im letzten Fünftel des 14. Jahrhunderts im südlichen Böhmen, etwa zwischen Krumau und Prag, entstanden ist, so dass wir auch hier wieder auf die Gegend von Tabor oder Pisek geführt werden.

Anhang I. Die Strassburger Waldenser von 1212 und das böhmische Ketzerhaupt „Birkhardus".

Nach dem sich ausdrücklich für urkundlich ausgebenden Zeugnisse des Strassburgers Daniel Specklin (gestorben 1589), dessen Glaubwürdigkeit bisher, so viel ich sehe, von keiner Seite angezweifelt worden ist, müsste Böhmen bereits im Jahre 1212 als Hauptsitz des Waldenserthums in Deutschland gelten. Specklin, der seinen von C. Schmidt [1]) mitgetheilten Bericht (die einzige ihn enthaltende Handschrift ist leider im Jahre 1870 mit der Strassburger Bibliothek zu Grund gegangen) aus einer Handschrift des Klosters zu St. Arbogast bei Strassburg geschöpft haben will, erzählt, die im Jahre 1212 in Strassburg entdeckten Ketzer, die Specklin mit aller Bestimmtheit als Waldenser [2]) bezeichnet, seien unter drei „Obristen" gestanden, welchen Geld und andere Gegenstände zur Unterstützung der Armen zugeschickt wurden. Das gemeinsame Oberhaupt habe seinen Sitz in Mailand gehabt; ein zweiter „Obrist" sei der Priester Johannes zu Strassburg, der dritte ein gewisser „Birkhardus" in Böhmen gewesen. Dürfen wir die letztere Angabe als authentisch betrachten? Nach unserer Auffassung verbietet sich dies durch den ganzen Charakter der Specklin'schen Aufzeichnung, welche ganz unverkennbar mit den aus der Klosterhandschrift geschöpften Angaben verschiedene von Specklin erfundene Züge verquickt. So wird von dem Priester Johannes in ausführlicher Rede die lutherische Lehre von der Rechtfertigung durch den Glauben und von der Unzulänglichkeit der guten

---

[1]) Die Secten zu Strassburg im Mittelalter. Zeitschrift für historische Theologie Bd. X (Neue Folge Bd. IV, 1840), Heft 3, S. 31 ff.

[2]) Willkürlich genug gibt ihnen Specklin (a. a. O. S. 36) gleichzeitig den Namen „Brod durch Gott", der seit der Mitte des 13. Jahrhunderts (vergl. z. B. Mosheim, De beghardis et beguinabus S. 616) den bettelnden Beginen und Begharden beigelegt wurde.

Werke begründet; unter den angeblich waldensischen Glaubensartikeln finden wir die Forderung des Laienkelchs und der Priesterehe, sowie die Bekämpfung der Ohrenbeichte — was alles auf keine der am Anfang des 13. Jahrhunderts am Oberrhein auftretenden Secten passt. Dass die Inquisition, deren Acten Specklin vorlagen, keinesfalls im Jahre 1212 stattgefunden haben kann, geht schon daraus hervor, dass sie nach Specklin's Angabe von den Dominicanern geleitet wurde, deren Orden erst im Jahre 1216 die päpstliche Bestätigung erlangte und in·Strassburg wohl nicht lange vor dem Jahre 1224 sich festsetzte [1]).

Die Quelle, auf welche höchstwahrscheinlich Specklin's Notiz über das böhmische Ketzerhaupt zurückgeht, ist nicht schwer zu ermitteln. Sein „Birkhardus" oder „Picardus", wie ein zweiter Benutzer der Specklin'schen Handschrift liest [2]), muss wohl als identisch mit dem fabelhaften „Pichardus" angesehen werden, den zuerst Aeneas Sylvius zur Erklärung des Namens der böhmischen Picarden (Begharden) des 15. Jahrhunderts in die Kirchengeschichtschreibung einführte [3]) und der, nachdem in der Folge die böhmischen Brüder den Namen „Picarden" und Waldenser beigelegt erhalten hatten, ziemlich allgemein als Stifter des böhmischen Zweigs der Waldenser — soweit man nicht Waldes selbst nach Böhmen versetzte — gegolten hat [4]).

---

[1]) Deutsche Städtechroniken Bd. IX (Strassburg Bd. II), S. 733. Mit Recht weist Lea, A History of the Inquisition. Vol. II (1888) S. 317 Anm. den Bericht Specklin's, dass Bischof Heinrich von Strassburg bei Gelegenheit seiner Romfahrt im Jahre 1209 dem Papste Innocenz III. und Dominicus selbst die Unterstützung des Dominicanerordens in Deutschland zugesagt und 1210 Predigermönche in seinem Gefolge nach Strassburg mitgebracht habe, als unglaubhaft zurück; es liegt hier sicherlich eine willkürliche Combination der Romfahrt des Bischofs mit dem viel späteren Auftreten der Dominicaner in Deutschland vor.

[2]) Röhrich, Die Gottesfreunde und die Winkeler am Oberrhein. Zeitschrift f. histor. Theologie Bd. X (N. F. Bd. IV, 1840), Heft 1, S. 122.

[3]) Historia Bohemica cap. 41 (de Adamitis hereticis): Picardus quidam ex Gallia Belgica transmisso Rheno per Germaniam in Bohemiam penetravit, qui praestigiis quibusdam fidem sibi concilians brevi tempore non parvam mulierum virorumque plebem ad se traxit, quos nudos incedere jubens Adamitas vocavit.

[4]) Vergl. z. B. Camerarius, Hist. narrat. de fratrum orthodoxorum ecclesiis S. 7.

Anhang II. Ueber die religiöse Stellung der österreichischen Häretiker von 1311 ff.

Die Frage, welcher Secte die uns hier beschäftigenden Häretiker zuzurechnen sind, ist bisher in sehr verschiedener Weise beantwortet worden. Gieseler [1]), Friess (S. 222 ff), Hahn [2]) und Lea (II, 358) betrachten sie als einen Zweig der pantheistischen Brüder des freien Geistes, Preger [3]) als Katharer, Riezler [4]) als Waldenser. So grosse Schwierigkeiten die Beschaffenheit unserer einzigen Quelle, des Kremser Berichtes [5]), der Untersuchung entgegenstellt, so dürfte es bei sorgfältig kritischer Behandlung jener Aufzeichnung doch gelingen, die religiöse Stellung der Sectirer von 1311 ff. mit annähernder Sicherheit zu fixiren.

Die den österreichischen Ketzern beigelegten Glaubenslehren lassen sich in drei Gruppen scheiden; die erste deckt sich im Wesentlichen mit den Lehrsätzen, die man zur Zeit Konrad's von Marburg den „Luciferianern" zuschrieb; die zweite charakterisirt sich durch eine scharf ausgeprägte Opposition gegen das cultische System des Katholicismus; die dritte Gruppe bringt leider nur vereinzelte Angaben über die Organisation und den Cultus der verfolgten Secte.

Wollte man den Mittheilungen des Berichtes über den Satansdienst der österreichischen Häretiker Glauben schenken, so wäre ihre Secte noch am ersten als eine Abzweigung des Katharerthums zu bezeichnen; Beziehungen zu den Amalricianern lässt der Bericht überhaupt nicht erkennen. Aber auch als Katharer können die Kremser Ketzer nimmermehr gelten. Den fundamentalen Grundsätzen der Katharer entgegen essen sie, voran ihr angeblicher „filius major", Fleisch und ergeben sich geschlechtlichen Ausschweifungen; Angaben,

---

[1]) Lehrbuch der Kirchengesch. II, 3 (2. Aufl.), S. 307 f.

[2]) Geschichte der Ketzer II, S. 523 f.

[3]) Ueber das Verhältniss der Taboriten u. s. w. S. 29.

[4]) Geschichte Baierns II, 227.

[5]) Ueber die verschiedenen Fassungen dieser Quelle vergl. oben S. 14, Anm. 2.

wie die, dass sie Lucifer zu Ehren Messen lesen liessen, und dass ihr
„filius major" [1]) seine eigenen beiden Kinder in feierlicher Weise
ehelich miteinander verbunden habe, dürften sich kaum anders als
durch Geständnisse, welche die Folter von den angeklagten Häretikern
erzwang, erklären lassen [2]). Das Misstrauen, welches die angedeuteten
Widersprüche gegen die Glaubwürdigkeit des Berichtes erregen, wird
noch bedeutend durch die Beobachtung verstärkt, dass die Anklage
des Satansdienstes vom 13. bis ins 15. Jahrhundert gegen die verschiedenartigsten ketzerischen Parteien, und zwar offenbar ohne jed-
welchen stichhaltigen Grund, erhoben worden ist. So bedürfen in
erster Linie die schon von dem deutschen Klerus jener Zeit als solche
erkannten Märchen Konrad's von Marburg [3]) von der Teufelsver-
ehrung und den Orgien der von ihm verfolgten Ketzer für den un-

---

[1]) Es ist zu beachten, dass bei Pez, dessen Version in mancher Beziehung den Vorzug vor den übrigen Fassungen verdient, dieser Titel nicht
vorkommt. Sollte er erst in der gemeinsamen Quelle der anderen Fassungen
eingesetzt worden sein? Dass man Einrichtungen der Katharer auf andere
Secten übertrug, kommt auch anderwärts vor; so mussten sich z. B. die
1387 processirten piemontesischen Waldenser (vergl. S. 41, Anm. 3) durch-
gehends zum Empfang des Consolamentum bekennen.

[2]) Ueber die Anwendung der Folter und anderer gewaltthätiger Mittel
zur Erpressung von Geständnissen in den Inquisitionsprocessen vergl. Lea
I, 417 ff. und die charakteristische Aeusserung des 1319 processirten Bernard
Delicieux: quod beati Petrus et Paulus ab heresi defendere se non possent,
si viverent, dum tamen inquireretur cum eis per modum ab inquisitoribus
observatum (Limborch, Liber sententiar. inquisitionis Tolosanae S. 269).
David von Augsburg (S. 223 und 225) empfiehlt Bedrohung mit dem Tode,
Zusicherung der Amnestie nach abgelegtem Geständniss, durch Nahrungs-
entziehung verschärfte Einzelhaft und Anwendung der Folter, um die angeklagten Ketzer zum Geständniss zu bringen. Der um 1346 ernannte
böhmische Inquisitor Swatibor erhält die Ermächtigung, seinen Unter-
suchungsgefangenen Ketten und Handeisen anzulegen, sie zeitweilig oder
lebenslänglich einzukerkern und zu foltern (Arch. f. österr. Gesch. 61, 339).

[3]) Vergl. Hartzheim, Concilia Germaniae III, 543 ff. Ketzer- und
Dämonengeschichten von geradezu unbegreiflicher Naivetät erzählt u. a.
Caesarius von Heisterbach, Hist. memorab. V, 18, und Alberic
von Trois-Fontaines ad a. 1160 (a. a. O. S. 845). Statt den im
12. und 13. Jahrhundert herrschenden, sich in solcherlei Ammenmärchen
aussprechenden Aberglauben für die Erdichtung der unsinnigen, gegen
die Ketzer jener Zeit erhobenen Anklagen verantwortlich zu machen, bemerkt Kaltner (Konrad von Marburg S. 61), jenes nahezu allmächtige
Schalten Satans habe sich erst aus dem Systeme der Katharer und Luciferianer entwickelt.

befangenen Leser der Quellenberichte keiner Widerlegung; und doch sind dieselben ohne Zweifel für ähnliche grundlose Anklagen der späteren Zeit, wie z. B. die des Templerprocesses vorbildlich geworden. Der Inquisitionsbericht über die sangerhausischen Geissler vom Jahre 1454 lässt dieselben Ketzer bussfertige Gebete an Christus richten, die seinen Sturz durch Lucifer erhoffen und diesem zu Ehren die abscheulichsten Orgien veranstalten; die sittenstrengen böhmischen Brüder sind von Renegaten und Inquisitoren aller nur denkbaren sittlichen Ausschreitungen, der Weibergemeinschaft, des Teufelsbündnisses und der Verehrung eines Fliegengottes beschuldigt worden[1]); auch eine Gruppe der italienischen Fraticellen wird 1466 der Veranstaltung nächtlicher Orgien und des rituellen Kindermords für schuldig befunden[2]). Besonders aber die Waldenser sind frivolen Anklagen der erwähnten Art in den verschiedensten Ländern ausgesetzt gewesen. So erpresst ein italienischer Inquisitor im Jahre 1387 piemontesischen Waldensern durch die Folter das Geständniss, dass sie Sonne und Mond anbeten, die Gotteskindschaft Christi leugnen und in ihren Versammlungen schändliche Unzucht verüben; ganz ähnliche erzwungene Geständnisse kehren in italienischen Waldenserprocessen der Jahre 1451 und 1492 wieder[3]). Während David von Augsburg die deutschen Waldenser gegen den Vorwurf des Satansdienstes in Schutz nimmt, wird diese Anklage, sowie der, auch bei dem Passauer Anonymus und David von Augsburg angedeutete Vorwurf der Unzucht und Weibergemeinschaft wieder gegen eichstädtische Waldenser des 14. Jahrhunderts erhoben; brandenburgische Waldenser werden 1336 zu Angermünde als „Luciferianer" abgeurtheilt und noch in dem grossen Processe gegen die pommerischen und brandenburgischen

---

[1]) Vergl. meine Mittheilungen in der Zeitschrift für Kirchengesch. IX (1888), S. 114 ff. — Gindely, Gesch. der böhmischen Brüder I, 56 f., 97 f.

[2]) Die Acten sind mitgetheilt von Ehrle im Archiv für Kirchen- und Literaturgeschichte des Mittelalters IV (1888), Heft 1—2. S. 110 ff.

[3]) Archivio storico italiano Ser. III, T. I, pars 2, S. 18, 40 etc., 21, 39 f., 22; Rivista cristiana IX (1881), S. 363 ff.; Allix, Some remarks upon the ancient churches of Piedmont. New edition (1821), S. 340 f. — Im Jahre 1332 werden die piemontesischen Waldenser der Leugnung der kirchlichen Lehre von der Eucharistie und der Incarnation Christi beschuldigt (Raynaldus, Annales ecclesiastici ad a. 1332, Nr. 31). Die Grundlosigkeit der auch gegen die Katharer erhobenen Beschuldigung der Veranstaltung nächtlicher Orgien wird von einem Inquisitor des 13. Jahrhunderts mit Entschiedenheit betont (vergl. Molinier, Études sur quelques manuscrits concernant l'inquisition du XIIe au XVIIe siècle. Extrait des archives des missions scientifiques et littéraires T. XIV, 1887).

Waldenser der Jahre 1393—1394 werden diese über ihren Glauben an Lucifer befragt [1]). In den romanischen Ländern endlich war schon in der ersten Hälfte des 15. Jahrhunderts die Bezeichnung „Vauderie" gleichbedeutend mit Teufelsbuhlschaft und Hexerei geworden, so dass die provençalischen Waldenser im Jahre 1535 den Namen „Vaudois" als beschimpfend abwiesen [2]).

Gibt uns nach dem Gesagten die erste Gruppe der den Kremser Ketzern beigelegten Lehren nicht das Recht, sie dem manichäischen Sectenkreise ohne Weiteres zuzurechnen und ihre Zugehörigkeit zu der waldensischen Secte abzuweisen, so wird auch durch die Lehrsätze der zweiten Gruppe die Abgabe eines abschliessenden Urtheils nicht ermöglicht. Die Kremser Ketzer verwerfen angeblich die Taufe, die Eucharistie, die letzte Oelung, den Eid, die kirchlichen Fasttage, Feste und Weihen, den Kirchengesang; die katholische Kirche gilt ihnen als eine heidnische, die kirchlichen Gebäude nennen sie Steinhäuser, die Ehe eine „fornicatio iurata" [3]). Mit Ausnahme des letzten Satzes, der sich aber unschwer aus dem Missverstehen der bekämpften ketzerischen Lehre erklären lässt, finden wir die sämmtlichen Anklageartikel in den Verzeichnissen der waldensischen Irrthümer, wie sie uns David von Augsburg und der Passauer Anonymus liefern, zum Theil in wörtlicher Uebereinstimmung wieder [4]); aber auch die

---

[1]) David von Augsburg in Preger's Ausgabe S. 211, 207 f.; Flac. Illyr., Catal. test. ver. (1666), S. 953, Nr. 24; Wattenbach in den Berliner Sitzungsberichten 1887, S. 517 ff. — Dass die eichstädtischen Ketzer Waldenser sind, ergibt sich schon daraus, dass sie sich die „vor Gott Erkannten" (Kunden) nennen. Ueber die brandenburgischen Waldenser vergl. meine Bemerkungen im Histor. Taschenbuch 6. Folge, VII (1888), S. 237.

[2]) Vergl. Duverger, La Vauderie dans les états de Philippe le Bon (1875) und Bourquelot „Les Vaudois du XVe siècle" in Bibliothèque de l'école des chartes, 2. série, T. III (1846), S. 81 ff.; C. Schmidt, Zeitschr. f. hist. Theol. Bd. XXII, S. 250. Vergl. den Nachtrag am Ende dieses Anhangs.

[3]) Hier wie im Folgenden kommt als Quelle in erster Linie die ausführlichere Fassung des Kremser Berichtes, wie sie die von Pez benutzte Handschrift enthält, in Betracht.

[4]) Radicale Verwerfung der Taufe wird u. a. auch den eichstädtischen Waldensern des 14. Jahrh. (Wattenbach S. 519), Bekämpfung der Transsubstantiation im Altarsacramente sowohl diesen wie den Mainzer Waldensern von 1393 („Der waldensische Ursprung des Codex Teplensis" S. 36) vorgeworfen. „Steinhäuser" nennen auch die Leonisten des Passauer Anonymus (Bibl. max. XXV, S. 266 A) die katholischen Kirchen. Aehnlich wie die Kremser Ketzer sprechen sich die Waldenser David's von Augsburg (S. 207) über die Ehe aus: matrimonium dicunt esse fornicationem iuratam, nisi

Katharer sind hinsichtlich der aufgeführten Punkte in Opposition
zur kirchlichen Lehre gestanden. Einen festen Anhaltspunkt erhalten
wir erst durch die Lehrstücke der dritten Gruppe und zunächst durch
die Aussagen der Kremser Ketzer über ihre Hierarchie. Darnach
steht an der Spitze der Secte ein Bischof und zwölf Apostel, als
deren ausschliessliche Function die Abnahme der Beichte erscheint,
und welche seitens ihrer Gläubigen eine unbegrenzte Autorität geniessen; die Apostel durchziehen die verschiedenen Gegenden der
Erde und besuchen abwechselnd zu zweien das Paradies, wo sie von
Henoch und Elias die Macht zu binden und zu lösen erhalten, um
sie auch ihren Amtsgenossen mitzutheilen. Ganz ähnliche aber-
gläubische Anschauungen über das Wesen ihrer Reiseprediger finden
wir bei den eichstädtischen und brandenburgisch - pommerischen
Waldensern des 14. Jahrhunderts; nur werden dort als Ertheiler der
himmlischen Vollmachten bald die Engel des Paradieses, bald die
Apostel, bald Gott selbst genannt. Entscheidend ist, dass diese Vorstellungen ausschliesslich dem waldensischen Sectenkreise eigenthüm-
lich sind, und dass ebenso die Bezeichnung als Apostel, Zwölfboten
und Beichtiger für die waldensischen Reiseprediger charakteristisch
ist [1]). Die Angaben des Kremser Berichtes über die Beichtceremonien
der österreichischen Häretiker lauten in den einzelnen Versionen ver-
schieden; da wir auch über die waldensischen Beichtceremonien nicht
bis ins Einzelne unterrichtet sind, so müssen wir jene Angaben, die
übrigens auch keine nähere Beziehung zum katharischen Cultus verrathen, hier ausser Betracht lassen [2]). Abermals auf die waldensische

continenter vivant; qualescunque alias luxurie immundicias magis dicunt
esse licitas quam copulam coniugalem.

[1]) Vergl. Wattenbach in den Abhandlungen der Berliner Akademie
1886, S. 43 ff. und in den Berliner Sitzungsberichten 1887, S. 519; Müller,
Die Waldenser S. 105 f. [81 f.]. — Der Bischof der Kremser Ketzer heisst
einmal auch „magister", was vielleicht ein Irrthum ist; bei Pez col. 536
begegnet der Ausdruck: confessores.

[2]) Nach den Annalen von Mattsee und der Vorauer Hs. befiehlt
der Bischof der österreichischen Ketzer den Beichtenden: „Chuss auf di
erden; darauf solt du geraynet werden." In der Hs. von St. Florian
hiess es angeblich: „Kuss auf de Huer" (??); die Klosterneuburger Hs. hat
die Version: „chusse an die hindern." Die 1494 in Valence im Dauphiné
processirte Waldenserin Peyronetta bekannte: ipsa confessa est peccata sua
alteri [ex magistris Waldensium] genibus flexis ac si fuisset coram suo
proprio sacerdote, et inde facta confessione ipsam absolvebat, manum ad
caput imponendo more sacerdotum. Bei der Weihe der waldensischen
Predigercandidaten in Deutschland „leite sich der nider, den su do zu eime
meistere woltent machen, uff die erden uf einen mantel"; im Verlaufe der

Secte weist dagegen die Angabe des Inquisitionsberichtes über die
bei den Kremser Ketzern als Erkennungszeichen dienenden Losungs-
worte hin: was uns der Passauer Anonymus über die „Leonisten"
von 1260 in dieser Beziehung mittheilt, stimmt ganz mit dem über
die Kremser Häretiker Berichteten überein [1]). Auch die letzte noch
erübrigende Mittheilung unseres Quellenberichtes endlich, dass unter
den österreichischen Ketzern beiderlei Geschlechts sich selten Jemand
finde, der nicht den Text des neuen Testamentes auswendig wisse [2]),
dürfte sich am ungezwungensten mit den Gläubigen der Waldensersecte
in Verbindung bringen lassen.

Zu den inneren Gründen, welche die Beziehung des Kremser
Berichtes auf die waldensische Secte wahrscheinlich machen, kommt
als unterstützendes Moment noch die bereits früher (S. 289) von uns
hervorgehobene Thatsache hinzu, dass die Katharer, die allein ausser
den Waldensern noch etwa in Betracht kommen könnten, schon um
1260 aus Süddeutschland und speciell auch aus Oesterreich durch
die Waldenser zurückgedrängt waren. Die ausserordentlich weite
Verbreitung der ketzerischen Secte von 1311 ff. in Oesterreich und
den Nachbarländern lässt sich ferner nur unter der Voraussetzung
erklären, dass dieselbe dort seit Generationen eingebürgert war; ihr
Bischof hatte damals schon 50 Jahre lang seines Amtes gewaltet,
und bereits die Eltern der Verurtheilten hatten der Secte angehört [3]).
Dies alles führt uns in die Zeit um 1250—1260 zurück, zu welcher,
wie den Mittheilungen des Passauer Anonymus zu entnehmen ist,
die Inquisition in Oesterreich ausschliesslich durch die Verfolgung
der dortigen Waldenser in Anspruch genommen war. Und auch die

---

Ceremonie kniet er nieder und erhält die Weihe durch Handauflegung
(Röhrich, Mittheill. aus der Geschichte der evangel. Kirche des Elsasses
I, S. 42. — Friess S. 258).

[1]) Friess S. 256: item cum alter ad alterum voluit venire, ne christianis
praesentibus inopinate intraret, appropinquans ianuae dicit: „ist icht chrumpes
holtzs drinne?" womit zu vergleichen die Angabe des Passauer Anonymus
über die Waldenser in Bibl. max. XXV, 264 B: quando simul conveniunt,
tunc primum dicunt: „Cavete, ne inter nos sit lignum curvum, id est, aliquis
extraneus".

[2]) Pez col. 536: raro est apud eos homo cuiuscunque sexus, qui
textum novi testamenti non sciat cordetenus in vulgari. Vergl. die Angaben des Passauer Anonymus über die Waldenser a. a. O. S. 264 A: novum
et vetus testamentum vulgariter transtulerunt et sic docent et discunt; audivi
et vidi quendam rusticum idiotam, qui Job recitavit de verbo ad verbum
et plures qui totum novum testamentum perfecte sciverunt.

[3]) Vergl. Pez col. 535: quidam, Andreas nomine, tunc temporis cre-
matus dixit: ab infantia parentes nostri in haeresi nos nutrierunt.

locale Verbreitung der Secte von 1311 ff. entspricht zum guten Theile
derjenigen der österreichischen Waldenser von 1266, aber auch dem,
was wir von der Geschichte der Secte am Ende des 14. Jahrhunderts
wissen. So begegnet Steyer sowohl in der Liste der von den Waldensern inficirten Pfarreien von 1266, als auch in den Ketzerprocessen
der Jahre 1311 ff.; um 1390 erscheint die Stadt und Umgebung
wieder als ein Hauptstützpunkt der Waldenser. Im Gebiete zwischen
Traiskirchen und St. Pölten, wo die Ketzerei von 1311 ff. in 36 Ortschaften Eingang gefunden, hatten auch die Waldenser von 1266,
wie die Ortsliste des Passauer Anonymus zeigt, ihren Anhang; als
Sitze von Waldensern nennt die Ortsliste von 1266 auch eine Anzahl
von Pfarreien in der allernächsten Umgebung von Krems, das in der
Inquisition von 1315 eine so bedeutende Rolle spielte. Wien endlich,
wo um 1315 Autodafé's stattfanden, sehen wir später mehrfach in
die Waldenserverfolgungen aus dem Schlusse des 14. Jahrhunderts
verflochten. Dass die gemeinsame Quelle unserer Berichte über die
Kremser Inquisition die Ketzer von 1266 und von 1311 ff. als identisch
betrachtete, ergibt sich daraus, dass sie die Ortsliste von 1266 ohne
weitere Unterscheidung ihren Mittheilungen über die Kremser Ketzer
anfügte. Fasst man zuletzt noch ins Auge, dass der Inquisitor
Petrus Zwicker im Jahre 1395 von einem ununterbrochenen 150jäh-
rigen Bestande der waldensischen Secte in Oesterreich spricht [1]), dass
ferner die Bekenntnisse der seit 1391 verfolgten Waldenser aus der
Umgebung von Steyer die Verbreitung dieser Secte in derselben Gegend
am Anfang des 14. Jahrhunderts bezeugen [2]), dass endlich in Böhmen
und Mähren, wo die Ketzer von 1315 unzählige Anhänger gehabt
haben sollen, von 1330 an wiederholt die waldensische Secte verfolgt
und über deren Verbreitung geklagt wird, dagegen niemals von
Luciferianern oder Katharern die Rede ist, so wird man wohl den
Wahrscheinlichkeitsbeweis für die These für erbracht erachten: die
österreichischen Ketzer von 1311 ff. und ihre Glaubensgenossen in Böhmen und Mähren sind Waldenser gewesen.

---

[1]) Friess S. 262.
[2]) In den später mitzutheilenden Inquisitionsprotokollen wird eine 1391
processirte 60jährige Waldenserin aus Dammbach bei Steyer als „nata in
secta" bezeichnet.

Nachtrag.

Eine sehr willkommene Bestätigung der Richtigkeit unserer soeben vorgetragenen Vermuthung bringt Wattenbach's Mittheilung über das Handbuch eines Inquisitors aus dem ersten Jahrzehnt des 15. Jahrhunderts (Abhandlungen der Berliner Akademie 1889). Unter den in diesem Handbuch den Angaben des Nicolaus Eymerici über die Waldenser beigefügten Zusätzen (S. 20) begegnet der Satz: „isti se filios Israel nominant". In der mir bekannten Ketzerliteratur hat diese Notiz nur in der Angabe des Kremser Berichtes über die dortigen Ketzer (Friess S. 256) ihr Gegenstück: „nostros presbyteros Romaniolas, suos vero Israbeliticos appellabant". Vergl. auch den von Wattenbach mitgetheilten Satz: „et die Lune et die Mercurii [Waldenses] libidini totaliter se exponunt et utendo carnibus ieiunant."

Beilage L

Gesuch um päpstliche Entscheidung der Frage, ob ein zweimal in Ketzerei verfallener Kleriker zum Priester geweiht werden dürfe.

Aus Cod. ms. 577 des k. k. H.-, H.- und Staatsarchives zu Wien p. 131.

Si clericus in duas hereses lapsus possit ad sacerdocium promoveri.

Licet omnes, qui christiano nomine censentur, a vobis tamquam a Christi vicario et magistro catholice fidei super dubitabilibus querere documenta, ne christiana professio vacillare noscatur. quidam autem nostre dyocesis clericus, dum at [1]) in minoribus ordinibus constitutus, se Paterenorum secte frequenter immiscuit, sed postmodum ad penitentiam rediens postulavit ad sacros ordines promoveri. qui cum postea consisteret in ordine dyaconatus, Leonistas non timuit imitari et cum eis fuit diucius conversatus. nunc autem qualicumque penitentia ductus instanter petiit, ut ipsum in sacerdocium debeamus

---

[1]) So die Hs.; l. ēet (= esset).

promovere. verum quia in duabus heresibus vacillavit, in facto
cciam procedere pertimemus, presertim cum heretica labes consueverit
difficile removeri.

Beilage II.

**Herzog Ludwig II. von Baiern empfiehlt die als Inqui-
sitoren aufgestellten Dominicaner dem Schutze und der
Unterstützung seiner Beamten. 1262 Dec. 17. Regensburg.**

Aus München Reichsarchiv, Klöster (Dominicaner in Regensburg fasc. 10)
or. membr. c. sig. pend. laeso. — Das an einer grünen und rothen
seidenen Schnur hängende Siegel ist jetzt ziemlich defect. — Die
Abschrift der Urkunde verdanke ich der Güte des Herrn Archivraths
Dr. Will in Regensburg. — (Abschrift in Codex chronologico-
diplomaticus episcopatus Ratisbonensis III, Nr. 336, Manuscript des
Kreisarchivs zu Regensburg; hiernach benutzt von Janner, Geschichte der Bischöfe von Regensburg II, 479.)

Ludwicus dei gracia palatinus comes Reni et dux Bawarie
universis ministerialibus suis dilectis et fidelibus scultetis, prepositis,
iudicibus, sive ceteris officialibus suis in civitatibus, castellis aut
villis in sua iurisdictione constitutis graciam suam et omne bonum.
quoniam ad defendendos pauperes de manibus diripientium eos in
sublimitate sumus constituti, precipue tamen ad exstirpandas hereses
et infideles homines, qui heu sicut audivimus in nostris finibus nuper
emerserunt, quorum diabolus versucia quasi in occulto, cum in
palam nocere non possit, tunicam domini scindere et vineam domini
Sabaoth nititur demoliri et hereditatem eius delere, gladio materiali
sumus accincti, qui quanto familiariores secundum phylosophum,
tanto sunt nocentiores, discunt enim curiose circuire domos, sicut ait
apostolus, sub specie pietatis verbis vanis et superfluis subvertentes
corda simplicium, multiplic[it]ate eloquii infigentes eis sagittas lingue
igneas plenas veneno mortifero infidelitatis, detrahentes sacramentis
ecclesie, legibus sacratissimis principum et sanctionibus patrum, suam
per omnia iusticiam constituere volentes, quos nisi citius deus reve-
lasset in suis latentes perfidiis, fideles quosque simul privassent vita
et regno. cum autem multi ad defendendam creatoris iniuriam
relictis liberis et uxoribus omnibusque, quae possiderint, nudi nudum
Christum sequantur, portantes crucem suam in terras longinquas et
trans maria, fidei vestre mandamus et districte precipimus, quatenus
divine remuneracionis intuitu ac nostre dilectionis respectu dilectos

fratres predicatores, quorum ordo ad hoc noscitur institutus, ut tales inimicos ecclesie perscrutentur et proclament, cum ad vos venerint, benigne recipiatis, ferentes eis contra hereticos et eorum defensores, fautores sive receptatores sub obtentu gracie nostre consilium et auxilium fidele et oportunum, ut et ipsi ab iniuriis et violentiis nostro defensi auxilio ministerium suum adimplere valeant et nos, qui extra terras pugnando dispersa congregare non possumus, domi saltem congregata conservemus. datum Ratispone anno domini 1262, XVI. kal. Januarii.

II.

Von der Mitte des 14. bis zum Ende des 15. Jahrhunderts.

Wir haben gesehen, wie Karl IV. bereits als Thronfolger der Ketzerverfolgung hilfreich zur Seite stand [1]; als König und Kaiser hat sich Karl als einen nicht minder eifrigen Förderer der Inquisition erwiesen. In dem um 1350 von ihm entworfenen, aber bekanntlich nicht in Kraft getretenen neuen Böhmischen Gesetzbuche, der Majestas Carolina, nehmen die Strafbestimmungen gegen die Ketzerei, die angeblich durch Ausländer in Böhmen eingebürgert worden, und gegen welche der Kaiser eine Fluth von leidenschaftlichen Vorwürfen schleudert, die erste Stelle ein. Die königlichen Beamten sollen nicht allein den Inquisitoren jede mögliche Unterstützung leihen, sondern auch selbständig gegen die Häretiker vorgehen und die Verdächtigen dem Inquisitionsgerichte zur Aburtheilung überliefern; als Strafe für die unbussfertigen Ketzer wird der Feuertod festgesetzt [2]. In gleich entschiedener Weise wird in einem für den neuernannten Inquisitor Swatibor ausgestellten königlichen Erlasse dessen Unterstützung seitens aller Unterthanen, in erster Linie seitens der Geistlichkeit und der königlichen Beamten gefordert. Zur Bestreitung der dem Inquisitionsgerichte erwachsenden Kosten wird ein Drittel des Besitzes der verurtheilten Häretiker bestimmt; bei dieser Gelegenheit etwa

---

[1] Vgl. oben S. 32.
[2] Geschin's Ausgabe der Majestas Carolina (1617) S. 3 f. Rubr. 3—5.

4

erfolgende Hinterziehungen sollen für die Schuldigen den Verlust des gesammten Vermögens zur Folge haben [1]. Ein königliches Edict vom 18. September 1376 spricht dann wiederholt den Bann gegen jede Ketzerei im Böhmischen Königreiche aus, bedroht deren Anhänger mit dem Scheiterhaufen und ordnet ihre energische Verfolgung seitens der königlichen Beamten an [2]. Ein näheres Eingehen auf die Reichsgesetzgebung Kaiser Karl's IV. in Bezug auf die Verfolgung der Häretiker müssen wir uns hier versagen [3]. So spärlich auch die Spuren sind, welche die Wirksamkeit der von Karl IV. mit den weitgehendsten Privilegien für das ganze Deutsche Reich ausgerüsteten Inquisitoren hinterlassen hat, so wird man doch die Bedeutung jener Ketzererlasse für die Niederhaltung der mächtig angewachsenen kirchlichen Oppositionsparteien des 14. Jahrhunderts nicht hoch genug anschlagen können. Die sämmtlichen Gesetze haben sich ja bekanntlich in erster Linie gegen die — unfraglich grösstentheils orthodoxen — Begharden und Beginen gerichtet, die nun auf lange hinaus, in schreiendem Widerspruch mit den thatsächlichen Verhältnissen, als die hauptsächlichste ketzerische Secte Deutschlands gelten [4]; wir erfahren aber mit Bestimmtheit, dass die päpstlichen Inquisitoren jener Zeit auch Angehörigen wirklicher häretischer Secten, namentlich Geisslern und Waldensern den Process gemacht haben [5]. Für Böhmen ist jene missbräuchliche Anwen-

---

[1] Cancellaria Arnesti (Arch. f. Oest. Gesch. 61 S. 550 f.). Eine ungedruckte Bulle (Clemens' VI.?) „Cum secundum evangelicam veritatem", ohne Aussteller und Datum, welche die Uebereignung der Güter aufgespürter Ketzer an den Erzbischof von Prag verfügt, enthält das von Wattenbach beschriebene „Handbuch eines Inquisitors in der Kirchenbibliothek St. Nicolai in Greifswald". (Abhandlungen der kgl. Preussischen Akademie der Wissenschaften zu Berlin vom Jahre 1888 S. 13.)

[2] Frind, Kirchengeschichte Böhmens II, 108. Mir ist nur der Druck des Edicts bei Goldast, Collect. varior. consilior. --- in Hungaria, Bohemia etc. II (1719) Sp. 259 ff. zugänglich.

[3] Vgl. über die äusseren Vorgänge namentlich R. Wilmans, Zur Geschichte der Röm. Inquisition in Deutschland in Sybel's Histor. Zeitschrift 41 (N. F. 5) S. 193 ff., und Friedjung, Kaiser Karl IV. S. 194 ff.

[4] Vgl. meine Bemerkungen in der Zeitschrift für Kirchengeschichte VII S. 533 ff.

[5] Vgl. Wilmans S. 203 über einen Waldenserprocess zu Paderborn vom Jahre 1368. Ueber Thüringische Geisslerverfolgungen um 1369 vgl.

dung der Bezeichnung „Beghard" als Ketzername in der Folge
insoferne von Wichtigkeit geworden, als hier mit besonderer
Vorliebe unter dem Namen der „Beghardia" oder „Picardia" fortan
die verschiedenartigsten ketzerischen Systeme — darunter auch
das Waldenserthum — zusammengefasst worden sind [1].
Auch im letzten Drittel des 14. Jahrhunderts hat die Bekämpfung der Häresie die Kirche in Böhmen und Mähren fort-
dauernd beschäftigt. Die Prager Synodalstatuten haben allerdings über die vom Erzbischof Arnest getroffenen und fortan in
Geltung bleibenden Bestimmungen hinaus keine diesbezüglichen
Zusätze erhalten, es sei denn dass die Klage der Statuten von
1371 über die Entheiligung der Feiertage in diesen Zusammenhang gebracht werden müsste [2]. Dagegen haben die sogenannten
Vorläufer der Husitischen Bewegung wiederholte Veranlassung
zur Untersuchung der ihnen mit Recht oder Unrecht beigemessenen
Ketzereien gegeben. Ein äusserer Zusammenhang zwischen dem
Auftreten Konrad's von Waldhausen, Milicz' von Kremsier und
Mathias' von Janow und der vor ihnen zu Tage getretenen sectirerischen Opposition, namentlich dem Waldenserthum, hat sicherlich nicht bestanden [3]. Eine andere, nicht ohne Weiteres zu ver-
neinende Frage ist es aber, ob die von den sämmtlichen drei
Predigern eröffnete Polemik gegen das Mönchthum, Milicz' Anfeindung des Universitätsstudiums und des weltlichen Besitzes
des Klerus, Mathias' von Janow Bekämpfung der Auswüchse

Förstemann, Die christl. Geisslergesellschaften S. 161 f., meine Mittheilungen in der Zeitschr. f. Kirchengeschichte 9, 118 und Machatschek,
Neues Lausitz. Magazin 54, 154 f.

[1] Als ein besonders charakteristisches Beispiel der genannten Begriffs-
vermengung sei das 1524 verfasste Sammelwerk des Franciscaners Joannes
Aquensis über die Böhmischen Häresien des 14. u. 15. Jahrhunderts, „Locu-
starium de sectis et diversitate atque multiplicatione Begardorum in terra
Bohemiae" betitelt, angeführt. Nach den von Dudik (Iter Romanum I, 279 ff.)
mitgetheilten Auszügen werden hier Waldenser, Adamiten, Taboriten, Böhmische Brüder, Geissler unter der gemeinsamen Bezeichnung „Begarden"
zusammengefasst.

[2] Höfler, Concilia Pragensia S. 15.

[3] In den Kreisen der Böhmischen Brüderunität am Ende des 15. Jahrhunderts hat man in Mathias von Janow einen Schüler der Waldenser gesehen.
Goll, Quellen und Untersuchungen zur Gesch. der Böhm. Brüder I, 30.

des Heiligencultus und der Reliquien- und Bilderverehrung[1] nicht
die übereinstimmenden Waldensischen Lehren, wenigstens zum
Theil zur Voraussetzung hatten. Müssen wir nach unseren früheren
Auseinandersetzungen das Waldenserthum um 1370 seit Generationen in weiten Kreisen Oesterreichs und Böhmens uns eingewurzelt denken, so ist es anderseits leicht verständlich, dass
die steigende religiöse Erregung jener Zeit, welche Wallfahrer
in unerhörter Anzahl zur Gewinnung von Ablässen und Verehrung
der Reliquien nach der Böhmischen Hauptstadt führte[2], auch der
gegen diese Seiten des kirchlichen Lebens gerichteten Waldensischen Opposition erhöhten Einfluss verliehen hat. Ausser allem
Zweifel ist die tiefgehende Waldensische Beeinflussung des Böhmischen Geistlichen Jacobus, der gleichzeitig mit Mathias von
Janow am 18. October 1389 eine Reihe von ketzerischen Lehrsätzen vor der Prager Synode zurücknahm[3]. Er hatte u. a. die
Wirksamkeit der Fürbitten der Heiligen und der Gottesmutter,
den Nutzen der guten Werke für die Todten und des Sich-
bekreuzens geleugnet, jede Verehrung der Reliquien und Bilder,
die zu Ehren der Heiligen eingesetzten Fasttage, die für die Verehrung der Muttergottesbilder gewährten Ablässe und die Bre-
viergebete verworfen, die Autorität der Kirchenväter bestritten.
In Uebereinstimmung mit Mathias von Janow trat er für den
möglichst häufigen Abendmahlsempfang der Laien ein. In gleicher
Weise an die leidenschaftliche Opposition der Oesterreichischen
Waldenser von 1315 wie an den späteren Bildersturm der Taboriten
klingt der Satz des Jacobus an, die Reliquien dürfe man mit
Füssen treten und verbrennen; auch das Muttergottesbild hatte

---

[1] Vgl. darüber namentlich die Darstellung von Loserth (Hus und
Wiclif S. 41 ff.), welche die früheren Auffassungen vielfach berichtigt.

[2] Benesch v. Weitmühl, Scriptor. rer. Bohem. II, 401 f.: eodem anno
(1369) in festo ostensionis reliquiarum, tantus fuit concursus hominum de alienis
partibus, ut illa placza magna in nova civitate prope Zderazium videretur
undique repleta hominibus. Talem populum in unum congregatum nullus
unquam vidit hominum, ut communiter referebatur ab omnibus - - - eodem
anno octo diebus ante festum assumptionis b. virginis, et in ipso festo,
iam expirante anno gratiae seu indulgentiarum, tantus fuit concursus hominum ad ecclesiam Pragensem, qualem nulla meminit aetas.

[3] Höfler, Concilia Pragensia S. XLIX; 37—39. Jacobus hatte auch
seine schroffe Bekämpfung der Lehre von der unbefleckten Empfängniss
Maria's zurückzunehmen.

er verhöhnt und sich bereit erklärt, mit Heiligenbildern seine
Erbsen zu kochen.

Ein dritter Böhmischer Geistlicher, Andreas, hatte vor der
Synode von 1389 gleichfalls seinen Widerspruch gegen die Ver-
ehrung der Bilder zu widerrufen [1]. Als mit den Oberösterreichischen
Waldensern in Verbindung stehend wird uns um 1370 ein
Johannes von Prag, wie es scheint, ein Meister der Secte, ge
nannt [2].

Als Inquisitoren der Diöcese Prag fungirten unter den Nach-
folgern Arnest's von Pardubič der spätere Domherr Jogelinus
oder Johann von Prag (um 1370), Bischof Nicolaus von Nazareth
(1392, 1395, 1413 ff.), der Cölestinerprovinzial Petrus Zwicker
(1390 ff.), ein nicht näher bezeichneter Dominicaner (um 1384),
endlich der Minorit und Bischof von Sarepta Jaroslaw (1403 ff) [3].

Für die Olmützer Diöcese war um 1370/71 der durch seine Ver-
ketzerung des Sachsenspiegels bekannt gewordene Augustiner
Johann Klenkok als Inquisitor bestellt; am 4. Juli 1370 übertrug er seine Vollmachten auf kurze Zeit zwei Mitgliedern des
Olmützer Domcapitels [4].

Wenn wir um dieselbe Zeit den Inquisitor Heinrich von
Olmütz mit der Untersuchung gegen Waldenser im Oesterreichischen

[1] Höfler a. a. O. Einen Parteigänger des Milicz, den Mährischen
Geistlichen Nicolaus von Tičin, welcher sich recht respectwidrig über die
Amtsübung der Bischöfe und Prälaten ausgesprochen hatte, und im Verein
mit drei Genossen auch gegen die Bettelmönche gepredigt zu haben scheint,
entfernte der erzbischöfliche Vicar Johannes im Juli 1374 aus der Prager
Diöcese. (Codex dipl. Morav. X, 239.)

[2] Vgl. Döllinger, Beiträge zur Sectengesch. des Mittelalters II, 352.

[3] Frind, Kirchengeschichte Böhmens II, 106. III, 25; 27; Palacky,
Documenta Mag. Jo. Hus vitam illustr. S. 239. 242 f. 266 ff. 542. 342.
421. 427. 716; Pelzel, Lebensgesch. des K. Wenceslaus I, Urkundenbuch
S. 63. Vgl. unten.

[4] Vgl. die Mittheilung Wattenbach's im Anzeiger für Kunde der
Deutschen Vorzeit. N. F. 30 (1883) Sp. 80. Auch in einer Formel des „Col-
lectionarius" des Johann von Geylnhausen (J. W. Hoffmann, Sammlung un-
gedruckter Nachrichten, Documente und Urkunden II (1737) S. 13), welche
der vorhabliche Reise Klenkok's zum Generalconcil der Augustiner in
Florenz Erwähnung thut, wird er als Inquisitor bezeichnet. Nach Höhn,
Chronologia provinciae Rheno-Suevicae ordinis ff. eremitarum s. p. Augustini
(1747) S. 63 hat jenes Generalconcil im Jahre 1371 stattgefunden.

Theil der Diöcese Passau betraut finden [1], so liegt es sehr nahe,
die Berufung des Mährischen Inquisitors daraus zu erklären, dass
derselbe vorher bereits Processe gegen Mährische Waldenser geführt hatte. Die unter dem Bischof Johann von Neumarkt
(1364—1380) beginnenden und bis ins 15. Jahrhundert hinein
fortdauernden Streitigkeiten zwischen den Bischöfen und dem
Domcapitel von Olmütz einerseits und den Markgrafen von
Mähren andererseits [2] — gegen die Letzteren und die Stadt Olmütz wurde im Laufe derselben der Bann ausgesprochen —
machten eine geordnete kirchliche Verwaltung Mährens während
dieser Zeit nahezu unmöglich und mussten das Anwachsen der
Ketzerei ganz besonders begünstigen.

Auch mit seinem Diöcesaninquisitor, dem Dominicaner Albert
von Olmütz, gerieth Bischof Johann von Neumarkt in heftige
Conflicte, die zu gegenseitigen Anklagen bei der päpstlichen Curie
führten. Der Inquisitor, der Partei für den Markgrafen genommen
zu haben scheint, wird der Ueberschreitung seiner Amtsgewalt,
der Bestechlichkeit und arger Gewaltthätigkeiten gegen den Klerus
beschuldigt; auf seine intimen Beziehungen zu den Nonnen des
Stiftes Pustimer spielt ein ironisches Schreiben des Bischofs Johann
an [3]. Noch höher stieg die Verwirrung der kirchlichen Verhältnisse in der Mährischen Diöcese, als nach dem Ausbruch des
kirchlichen Schismas (1378) dem von Kaiser und Reich anerkannten
Papste Urban VI. gegenüber sowohl in Böhmen wie in Mähren
Parteigänger der Obedienz des Gegenpapstes Clemens VII. auf-
traten und von dem Markgrafen Prokop und dem — nachmals im
Kirchenbann gestorbenen — Bischof Peter von Olmütz (1380—1387)
in Schutz genommen wurden. An Bischof Peter ist denn auch
eine überaus heftige Philippica des Prager Erzbischofs Johann

[1] Vgl. unten.
[2] Vgl. den Aufsatz von G. Wolny im Archiv für Kunde Oesterr.
Geschichtsquellen 8, 177 ff., und Tadra, Cancellaria Johannis Noviforensis
ebenda 68, 3 ff.
[3] Tadra, S. 46. 118. Einen fremden Lehrer, der an versteckten Orten
jungen Leuten, „nicht ohne schweren Verdacht" im Schreiben und Lesen
Unterricht ertheilte, lässt der Bischof entfernen; auf weiteren Verkehr mit
ihm wird die Strafe der Excommunication gesetzt. Ebenda S. 141. Im Jahre
1381 wurden die Olmützer Dominicaner von Papst Urban VI. zur Rechenschaft gezogen, weil sie während des über die Stadt Olmütz verhängten
Interdictes Messe gelesen hatten. (Codex dipl. et epist. Moraviae XI, 213.)

von Jenzenstein vom Jahre 1381 gerichtet, welche für die bedeutende Zunahme der Ketzerei in der Olmützer Diöcese Zeugniss ablegt: das von den Waldensischen Häresiarchen in Mähren gesäete Unkraut, so heisst es hier, sei derart aufgeschossen, dass der Versuch, diese Ketzer auszurotten, nur mit grosser Besorgniss unternommen werden könne [1]. Bei Gelegenheit der 1381 stattgefundenen Provinzialsynode hat alsdann Erzbischof Johann von Prag in seiner Eigenschaft als apostolischer Legat auch die Bischöfe von Bamberg, Meissen und Regensburg in sehr bestimmter Weise zur Verfolgung der in diesen Diöcesen verbreiteten Waldenser aufgerufen und den Bischöfen für den Fall, dass sie dabei auf Widerstand stossen sollten, die ausgiebige Unterstützung seitens des Königs Wenzel in Aussicht gestellt [2].

Aber auch in Böhmen selbst ist der Erzbischof dem Waldenserthum zu Leibe gegangen. Es sind uns noch die Verhör- und Abschwörungsformeln der in den beiden letzten Decennien des 14. Jahrhunderts gegen die Böhmischen Waldenser geführten Untersuchungen — aber leider nur diese — erhalten [3]. König Wenzel's

---

[1] Loserth, Beiträge zur Geschichte der Husitischen Bewegung. I: Der Codex epistolaris des Erzbischofs von Prag Johann von Jenzenstein, im Archiv für Oesterr. Geschichte 55, 267 ff.; 368: Baldensium heresiarcharum superseminata zizania adeo crevit, ut jam difficultas sit extirpare tanta mala et magnus timor evellendi eosdem.

[2] Höfler, S. 26: dolenter referimus, quod in diocesibus supradictis, prout certa relatione percepimus, insunt haereses multum pestiferae et signanter secta Sarraboytarum et illorum rusticorum Waldensium damnatorum, et quia domini episcopi - - - in huiusmodi negotio sanctae fidei sunt negligentes plurimum atque tardi, parcentes fortassis expensis et inquisitorem haereticae pravitatis non habentes etc. Sarabaiten hiessen die zuchtlos vagabondirenden und bettelnden Mönche (Lea, History of the inquisition I, 37). Dass die Klagen des Erzbischofs zum Theil übertrieben waren, zeigen die unten folgenden Mittheilungen über die gleichzeitige Thätigkeit der Inquisition in den Diöcesen Regensburg und Bamberg.

[3] Goll, Quellen und Untersuchungen zur Geschichte der Böhmischen Brüder II, 37, Anm. 2 (Abschwörungsformel in der Hs. der Prager Universitätsbibliothek XIII E 7). In der Verhörformel in Bibl. max. Lugd. XXV, 309 F heisst es: fuisti Romae, Aquisgrani. Pragae ad ostensionem reliquiarum? In der oben genannten Prager Hs. lautet diese Frage, zufolge einer gütigen Mittheilung von J. Goll: fuisti Romae, fuisti Pragae i. o. r.? Vgl. meine Mittheilungen über ein mit dieser Prager Hs. nahe verwandte Hs. der Pfarrbibliothek zu Michelstadt im Odenwald, die gleichfalls die

Antheilnahme an der Bekämpfung der Ketzerei ist uns durch
einen Erlass vom 15. Februar 1384 bezeugt, welcher die Unterstützung eines als Inquisitor fungirenden ungenannten Domini-
canerpriors seitens aller Unterthanen des Königs, besonders aber
der Böhmischen Behörden anordnet; die letzteren sind gehalten,
für den Unterhalt des Inquisitors zu sorgen und ihm geeignete
Gefängnisse zur Verfügung zu stellen [1]. Durch eine weitere
Verordnung, die durch Ausrufer allenthalben bekannt gemacht
wurde, forderte Wenzel um 1388 zur allgemeinen Ausrottung
der „Begharden und Hypocriten" auf, wobei der Name „Beghardia"
bereits in der später allgemein angewandten Bedeutung von
„Ketzerei" gebraucht wird. Aus einem Erlasse des schon damals
mit dem König verfeindeten Prager Erzbischofs Johann von
Jenzenstein vom 10. Juni 1388 erfahren wir, dass die königliche
Verordnung ohne dessen Wissen und Willen ergangen war und
dass unter der Anklage der „Beghardia" auch viele Rechtgläubige
verfolgt wurden; der Erzbischof machte daher bekannt, dass über
die Schuldfrage nur er und seine Stellvertreter zu entscheiden
hätten und bedrohte falsche Anklagen mit der Excommunication,
sowie mit Geld- und Gefängnissstrafen [2]. Was die Erfolge der

---

Böhmische Abschwörungsformel enthält, in Zeitschrift f. Kirchengesch. X, 2
(1888), S. 329.

[1] Pelzel, Lebensgeschichte des Königs Wenceslaus. I, Urkundenb.
S. 63 f. Ueber die verfolgten Ketzer heisst es nur ganz allgemein: sanctum
inquisitionis heretice pravitatis negotium tanto desideramus ardentius promovere, quanto per emulos fidei catholice nomen domini nostri Jesu Christi
- - - eiusque sacratissime genitricis constat, quantum in ipsis est, crudelius
blasphemari.

[2] Die bischöfliche Verordnung ist abgedruckt bei Friedjung, Kaiser
Karl IV., S. 328 und durch Loserth, Beiträge zur Gesch. der Hussitischen
Bewegung. I, Archiv für Oesterreichische Gesch. 55, 378 vielfach verbessert.
Dass es sich nicht um die Verfolgung wirklicher Begharden und Beginen,
oder wenigstens nicht ausschliesslich um eine solche handelte, geht daraus
hervor, dass die Beginen, deren Convente weitaus zahlreicher waren, als
die der Begharden, überhaupt nicht in dem Edicte erwähnt, und dass
„Beghardia" und „Hyppocrisis" als gleichbedeutende Begriffe gebraucht
werden. Würde die Verfolgung nur gegen wirkliche Beginen und Begharden
gerichtet gewesen sein, so lässt sich nicht denken, dass der Erzbischof, wie
es von seiner Seite geschah, ein so grosses Gewicht auf die Zeugenaussagen
legte, welche die Anklage auf „Beghardia" begründen sollten; die Zugehörigkeit zu einem Beginen- oder Begharden-Convente rücksichtlich eines An-

Böhmischen Waldenserinquisition anlangt, so müssen wir uns
mit der allgemeinen Angabe des 1395 verfassten Tractates des
Wiener Universitätsprofessors Petrus von Pilichdorf bescheiden,
dass der Inquisitor Petrus kurz vor 1395 innerhalb zweier Jahre
in Thüringen, der Mark Brandenburg, Böhmen und Mähren
über tausend Waldenser wieder mit der Kirche versöhnt habe;
die Zahl der dem weltlichen Arm zur Bestrafung Uebergebenen
erfahren wir nicht [1]. Von anderer Seite erhalten wir aber für
die Würdigung der Bedeutung des Böhmischen Waldenserthums
am Ende des 14. Jahrhunderts ein werthvolles indirectes Zeugnise:
wie der um 1360/70 in Oesterreich gegen die dortigen Waldenser
thätige Inquisitor aus Mähren gekommen ist, so sind die beiden
Geistlichen, welche von etwa 1380 bis in das erste Decennium
des 15. Jahrhunderts hinein an der Spitze der Waldenser-Inqui-
sition in Oesterreich, Steiermark, Ungarn, Baiern, Franken, Thüringen, Kurmainz, Brandenburg und Pommern gestanden haben,
dahin aus Böhmen berufen worden. Es sind dies der
Provinzial der Deutschen Cölestinerprovinz und Prior des (damals
Böhmischen und der Prager Diöcese angehörenden) Klosters Oybin
bei Zittau, Magister Petrus Zwicker aus Wormditten in
Preussen [2], und Martinus, Altarpriester der Marienkirche vor

---

gehörigen derselben darzuthun, dazu bedurfte es doch im Durchschnitt
keines umständlichen Beweisverfahrens. Ueber die vagirenden Begharden
und Beginen vgl. meine Erörterungen in der Zeitschrift für Kirchengesch.
VII, S. 533 ff.

[1] Bibl. max. patr. Lugd. XXV, 281 E. Als Petrus zu Anfang des
Jahres 1393 in der Mark als Inquisitor erschien, war er auch mit Voll-
machten seitens des Erzbischofs von Prag ausgerüstet. Vgl. Wattenbach,
Abhandll. der Berliner Akademie 1886 S. 23. 68.

[2] Sehr schätzenswerthe Nachrichten über den Inquisitor Petrus, auf
Grund der mir nur zum Theil zugänglichen Quellen zur Lausitzischen Ter-
ritorialgeschichte, theilte mir Herr Pastor Sauppe in Lückendorf freund-
lichst mit. Darnach war Petrus Zwicker zuerst Schulrector in Zittau, trat
1381 in den Cölestinerorden und bekleidete um 1395 das Ordensprovinzialat,
wie denn die Prioren des Oybiner Klosters um jene Zeit in der Regel zugleich auch Provinziale waren. Vgl. namentlich die im Jahre 1395 niedergeschriebene Stelle der Vorrede zu den Jahrbüchern des Zittauischen Stadt-
schreibers Johannes von Guben (Scriptor. rer. Lusatic. N. F. I, S. 2), wo
des Cölestiners Petrus gedacht wird als früheren „rectoris scole huius, magistri Petri Czwickers de Wormpnijt, civitate Prussie, nunc provincialis
in monasterio Oywin, ordinis Celestinorum". Kurz erwähnt wird

dem Teyn in der Prager Altstadt [1]. Da die als Schauplatz der
Thätigkeit beider Inquisitoren erwähnten Landschaften weit über
die Machtsphäre des Prager Metropoliten und des Böhmischen
Königs hinausreichen, von einem Eingreifen des Papstes oder des
Reiches aber nirgends die Rede ist, so liegt die Vermuthung am
nächsten, dass die von den genannten Inquisitoren bei der Verfolgung von Böhmischen Waldensern gemachten Erfahruugen die
Veranlassung ihrer Berufung nach den verschiedensten Kirchen-
provinzen gewesen sind, und dass damals innerhalb der Waldensischen Secte deren Böhmischer Anhang irgendwie bedeutsam
hervorgetreten ist.

Für die Bestimmung des allgemeinen Gangs der c. 1380 ff.
in den verschiedenen Landschaften des südöstlichen Deutschlands
eingeleiteten Waldenserprocesse kommen vor allem zwei aus dem
Inquisitionsarchiv uns erhaltene Actenstücke in Betracht. Das
erste, ein Verzeichniss von zwölf Persönlichkeiten aus allen Theilen
Deutschlands, aus Polen und Ungarn, führt sich mit den Worten
ein: „anno domini 1392 [al. 1391] die quarta mensis Septembris

---

Petrus auch in Peschek's Geschichte der Cölestiner des Oybins (Zittau 1840)
S. 30. In Pommern und Brandenburg finden wir an der Seite des Petrus
seinen Ordensbruder Nicolaus von Wartenberg, gleichfalls vom Oybiner
Kloster (Wattenbach, Abhandll. der Berliner Akademie 1886, S. 21 und 23).
Friess S. 242 bezeichnet irrigerweise Petrus als „Provinzial des Cölestiner-
ordens in Schwaben aus München".
[1] Gleichzeitig mit Petrus wird auch ein Martinus von Amberg (Der
Waldens. Ursprung des Cod. Tepl. S. 35: postea tamen anno domini 1391
per dominum Martinum de Amberg et fratrem Petrum Coelestinum omnes
in Erfordia sunt convicti) als Inquisitor genannt. Man könnte versucht
sein, denselben für identisch mit dem Prager Altarpriester Martinus zu
halten; nach Trithemius nämlich fungirt ein Inquisitor Martinus zuerst in
Würzburg, dann in Erfurt als Glaubensrichter, und von dem in Würzburg
1391 zu Gericht sitzenden Inquisitor erfahren wir aus anderer Quelle (vgl.
meine „Religiösen Secten in Franken" S. 23), dass er Martin von Prag
hiess. Ein sehr grosser Theil der Oberpfalz (u. a. auch das unweit von Amberg gelegene Sulzbach) ging bekanntlich unter Karl IV. in Böhmischen
Besitz über (Palacky, Gesch. v. Böhmen II, 2, 316). Der Catalogus codic.
Latin. Monac. I, 2, 144 verzeichnet unter Nr. 3764: Martini haereticorum
inquisitoris Ambergae [sic!] modus predicandi. Ein Martinus „presbyter
ex Bohemia, authoritate apostol. in quibusdam Alemanniae partibus inquisitor haereticae pravitatis constitutus" verfolgt schon unter Bischof Lambert
von Strassburg (1371—1373) die dortigen Beginen. Vgl. Döllinger,
Beitrr. zur Sectengesch. des Mittelalters II, 378.

infrascripti reperti sunt rectores protunc Waldensium haereticorum" [1]. Wohl mit Unrecht hat man bisher die Aufzeichnung
auf die an demselben Tage erfolgte angebliche Festnahme von
zwölf Waldensischen Meistern bezogen [2]; der Wortlaut spricht
vielmehr dafür, dass wir es mit einem Verzeichniss der obersten
Leiter, sei es einer einzelnen Gruppe, sei es, was wahrscheinlicher
ist, der ganzen Deutschen Genossenschaft zu thun haben, deren
Namen irgend ein in Untersuchung befindlicher Waldenser am
genannten Tage dem Inquisitor dictirt hatte. Das zweite Acten-
stück bezeichnet sich dagegen als eine Liste von zwanzig abermals den verschiedensten Landschaften angehörenden Waldensischen
Predigern, die, wie es scheint, noch vor dem Jahre 1391 in
Untersuchung gezogen wurden und mit einer einzigen Ausnahme
mit der Kirche sich wieder versöhnten [3]. Höchst wahrscheinlich
haben wir das Verzeichniss als einen zusammenfassenden Ueber-
blick über die von den Inquisitoren Petrus und Martinus, vielleicht in langen Jahren und auf verschiedenen Schauplätzen, er-
rungenen inquisitorischen Erfolge zu betrachten. Auf die in

---

[1] Zuerst unvollständig abgedr. bei Flacius, Catalogus testium veritatis
(1666) S. 660, vollständiger bei Friess S. 257 nach zwei Hss. der Stiftsbibliothek zu Seitenstetten. Wie die Vergleichung des cod. Guelferb. 466
(Helmst. 431) und cod. Wirceb. misc. chart. f. 51 lehrt, ist auch der Friess-
sche Druck unvollständig und verbesserungsbedürftig; einen ziemlich cor-
recten Text gibt die kürzlich von Döllinger (Beiträge zur Sectengesch.
des Mittelalters II, 367), vermuthlich aus der auch von mir benutzten Würzburger Hs., mitgetheilte Fassung. Die einzige Stelle, welche unserer Auffassung der Entstehung des Verzeichnisses zu widersprechen scheint, ist die
auf den Meister Johannes von Dietbartz bezügliche: fuit captus Ratisbone, qui
periuravit de haeresi, nunc vero convictus (so bei Friess, und ganz ähn-
lich cod. Guelf. 466: captus R. et portavit crucem de heresi convictus
pronunc). Aber auch sie erklärt sich ungezwungen in der Weise, dass jener
Meister vor Jahren die Waldensischen Artikel abgeschworen hatte, nun aber
nachdem er als einer der Meister der Waldenser angegeben worden, wenn
auch nur in absentia, des Meineides überführt ist. Damit stimmt die in der
Würzburger Hs. und von Döllinger mitgetheilte Fassung überein: fuit Ra-
dispone et portavit crucem de heresi convictus nec vero deficit (= sagt
sich aber von der Secte nicht los).
[2] So namentlich zuletzt Preger, Ueber das Verhältniss etc. S. 84 ff.
[3] Zuerst abgedruckt in meiner Schrift „Der Waldensische Ursprung
des Codex Teplensis" S. 35 f., jetzt auch bei Döllinger, Beiträge zur
Sectengeschichte des Mittelalters II, 330, wohl auch hier aus cod. ms. fol.
chart. 51 der Würzburger Universitäts-Bibliothek.

beiden Listen genannten Persönlichkeiten werden wir im Folgenden mehrfach zurückzukommen haben.

Am frühesten, etwa 1380 finden wir den Inquisitor Martinus von Prag auf Baierischem Boden gegen die dortigen Waldenser in Thätigkeit. Die früher erwähnten Verfolgungen der Secte im letzten Drittel des 13. Jahrhunderts hatten demnach dieselbe nicht auszurotten vermocht. In den Regensburger Synodalstatuten von 1377 finden sich Strafbestimmungen sowohl gegen die Begharden und die damals im Baierischen sich ausbreitende pantheistische Secte des freien Geistes, als auch gegen Ketzereien überhaupt; die besondere Warnung vor der als „Consolatio" bezeichneten Handauflegung der Häretiker scheint auf die Waldenser hinzuweisen [1]. Am 17. Juli 1378 ist alsdann der Domdechant Heinrich als Inquisitor für die Diöcese Regensburg mit sehr weitgehenden Vollmachten aufgestellt worden [2]. Unter anderem verurtheilte dieser eine gewisse Weissenburgerin und eine Gred Altheimerin mit ihren Töchtern zum Scheiterhaufen; einer Nittenauerin — ich erinnere an die Nittenauer Waldenser von c. 1265 — wurde 1384 das gleiche Urtheil gesprochen [3]. Um diese Zeit wurde der Domdechant Heinrich in seinem Amt als Inquisitor durch Martinus von Prag abgelöst, wie wir dies aus den folgenden Angaben des in den Strassburger Waldenserprocess von 1400 verwickelten Webers Borschön von Dillingen [4] entnehmen: „Es ist

---

[1] Mon. Boica XV, 611: item prohibemus consolationem manus impositionem ab hereticis ne aliquis recipiat. An Katharer kann bei der Stelle selbstverständlich nicht gedacht werden; auch die Piemontesischen Waldenser von 1387 wusste man zum Geständniss zu bringen, dass sie eine Art von Abendmahlsfeier, die der Inquisitor „Consolamentum" nennt, zu begeben pflegten. (Archivio stor. ital. Ser. III T. I, 2; 21 etc.) Ueber die Handauflegung der Waldenser vgl. meine Schrift „Die Deutsche Bibelübersetzung der mittelalterlichen Waldenser" S. 7 Anm. 1 und Müller, Die Waldenser S. 120.

[2] Lang, Regesta Boica 10, 15.

[3] Gemeiner, Regensburgische Chronik II, 187; 209 Anm. Weissenburger Waldenser werden noch zwischen 1448 und 1458 verfolgt; vgl. Husit. Propaganda im Hist. Taschenb. 6. Folge VII, 286. Meine Hoffnung, in Gemeiner's Nachlass, den ich im Reichsarchiv zu München benutzen konnte, weitere Aufschlüsse über die Ketzerverfolgungen dieser Zeit zu finden, ist leider nicht erfüllt worden.

[4] Röhrich, Mittheilungen aus der evangel. Kirche des Elsasses I, 63 vgl. 47.

wol 20 jor", so heisst es in dem Untersuchungsprotokoll, „do
ward er zu Regenspurg gebüsset und geapsolviert von eim
herren, hies her Martin von Prage, und verswür den unglouben
nit me zu haltende. Aber unlang do liess er im etlich wip roten
und trat in den unglouben und hielt den vor alse nach; doch
meinet er, er were nit wider in den unglouben getretten, do
hette er kleine kint, die hette er gern begangen, do gap man
ime nit zu erbeitende, darumbe trat er wider darin, umbe das
ime die zu erbeitende gebent, die mit ime den unglouben hieltent.
Er hot ouch geseit, zu der zit, do er wider in den unglouben getreten was, do were er zu Regenspurg und do
wurdent siner gesellen etwie vil gefangen und umbe iren unglouben verbrant, do mahte er sich darvon, wande er vorhte,
wurde er ergriffen, er were villihte ouch verbrant worden, und
kam her in die stat [Strassburg] und hielt den unglouben ouch
hie." Obwohl Borschön auch in Strassburg seine Ketzerei ab-
schwor, blieb er dennoch bei der Waldensischen Secte und wurde
so im Jahre 1400 wiederholt in Untersuchung gezogen. Aus
der mitgetheilten Stelle ergibt sich, dass zwischen 1380 und 1400
mindestens zwei Waldenserverfolgungen in der Stadt Regensburg
stattgefunden haben; dieselben haben sich auch gegen Schwaben
hin ausgedehnt und die Flucht einer Reihe von Waldensischen
Familien aus Nördlingen, Augsburg, Dischingen und Donauwörth
nach Strassburg veranlasst [1]. Auch einem der in der Liste von
1392 namhaft gemachten Waldensischen Meister, dem Wollspinner
Johannes aus Dichartz in Niederösterreich war gelegentlich einer
jener Verfolgungen in Regensburg das Busskreuz angeheftet
worden. Dieselbe Liste macht uns mit zwei Waldensischen Meistern
aus Baiern, Johann von Sand (Bez.-A. Regensburg?) und Hermann von Mistelgau (südwestl. von Bayreuth?) — beide werden
als Schmiede bezeichnet — bekannt. Im Hochstift Passau leitete
Bischof Georg von Hohenlohe 1410 eine Untersuchung gegen
angebliche „Wiklefiten" in Griesbach und Waldkirchen (östlich
und nordöstlich von Passau) nahe der Oesterreichischen und Böh-

[1] Weitere Angaben über die Schwäbische Waldenserverfolgung von
1393 ff. in Chroniken der Deutschen Städte, Augsburg I, 96. II, 45. Gassari
Annales Augstburgenses in Mencken's Scriptores rer. Germ. I, 1533; Oefele,
Rerum Boicarum scriptores I, 618 ff.

mischen Grenze ein; auch hier hat es sich sicherlich um Anhänger der Waldensischen Secte gehandelt[1]. Den Spuren Waldensischer Propaganda in Franken, die sich bis in das erste Drittel des 14. Jahrhunderts zurückverfolgen lassen, sind wir früher in anderem Zusammenhange nachgegangen. Es genüge hier darauf hinzuweisen, dass gleichzeitig mit dem ersten Auftreten der Inquisitoren Martinus und Petrus die Verfolgung gegen die Waldenser im Bisthum Eichstädt und wahrscheinlich auch im Bisthum Bamberg eröffnet wird, dass Martinus von Prag 1391 über Waldenser in Würzburg, 1399 über Nürnbergische Ketzer, die wir sicherlich ebenfalls als Waldenser zu betrachten haben, zu Gericht sitzt[2]. Dass in Nürnberg, wo einige Jahrzehnte später die Fäden der zwischen den Deutschen Waldensern und den Taboriten angeknüpften Verbindungen mehrfach zusammenlaufen, die religiöse Opposition seit dem Beginn des 14. Jahrhunderts tief eingewurzelt war, lassen verschiedene bisher ungenutzt gebliebene Stellen von Müllner's handschriftlichen Nürnberger Annalen erkennen. Nach der grossen Ketzerverfolgung von 1332—1333, welche mit der Ausweisung von neunzig, zum Theil den Patricierfamilien angehörenden Personen endigte, wurde im Jahre 1354 abermals vierundzwanzig Personen wegen Ketzerei die Stadt auf fünf Jahre verboten[3]. Im Jahre 1378 mussten neununddreissig Ketzer, unter ihnen vierundzwanzig Frauen, öffentliche Busse thun, während Andere flüchtig gingen; auch eine Verbrennung aus diesem Jahre ist bezeugt[4]. Schon im folgenden

---

[1] Schöller, Die Bischöfe von Passau (Passau 1844) S. 125.

[2] Vgl. meine „Religiösen Secten in Franken" S. 17 ff. Ueber die Eichstädtischen Waldenser dieser Zeit vgl. jetzt Sax, Die Bischöfe und Reichsfürsten von Eichstädt (1884) S. 270, wie es scheint, nach ungedruckten Quellen. Darnach fungirte hier der Dominicaner Berthold als Inquisitor; das auch aus anderer Quelle bekannte Autodafé von Wemding fand nach Sax am 11. November 1394 statt. Die weite Verbreitung der Waldenser im Eichstädtischen Gebiete im 14. Jahrhundert geht aus dem Schlusssatz des von Wattenbach (Berliner Sitzungsberr. 1887 S. 521) veröffentlichten Berichtes über Eichstädtische Waldenser hervor (a. a. O.: het got sein gnad dar zu nit geben, daz man ir bozeit innan worden wer, si hieten kristen gelauben kúrczlich verdrungen).

[3] Müllner, Annales der löblichen Reichsvesten und Statt Nürnberg (Nürnberger Kreisarchiv) fol. 672b.

[4] Ebenda fol. 749a; „Religiöse Secten in Franken" S. 20.

Jahre brach eine neue Verfolgung los; sieben Ketzer wurden
1379 verbrannt, elf mit dem Busskreuz bezeichnet und zum Theil
ausgewiesen, neunzehn Personen hatten der Untersuchung sich
durch die Flucht entzogen [1]. Nach dem von Martinus von Prag
abgehaltenen Strafgericht [2] — sieben Ketzer wurden von ihm zum
Scheiterhaufen, viele Andere zu öffentlicher Kirchenbusse verurtheilt — liess der Nürnberger Rath im Jahre 1400 den Bürger
E. Rauch zur Untersuchung seines „Unglaubens" dem Bischof
von Bamberg zuführen [3]. Gleichwohl finden wir im Jahre 1418
wieder eine Gruppe von Waldensern in der Fränkischen Reichsstadt, unter ihnen den Waldensischen Meister Johann von Plauen,
dessen Haus damals der Mittelpunkt für die Convente der Waldensischen Wanderprediger und für die ersten Versuche zur An-
näherung des Waldenserthums an den Husitismus gewesen ist.
Im folgenden Jahrzehnt, aus welchem manche Anzeichen für das
Eindringen Husitischer Lehren in Franken vorliegen, begegnen
uns zwei Schüler des von Zeitgenossen als Waldenser bezeichneten
Magisters Peter von Dresden, welche in Franken für die Verbreitung Waldensisch-Taboritischer Glaubenssätze thätig sind: in
der Reichsstadt Weinsberg sucht der Sächsische Edelmann Johannes
Drändorf 1424 die Fahne der Empörung gegen die Hierarchie
aufzupflanzen, im Fränkischen Markgrafenlande unterhält der
frühere Taboritische Priester Bartholomäus Rautenstock c. 1420 bis
1450 von der Böhmischen Grenze bis nach Würzburg hin geheime
Verbindungen. Die weite Verzweigung des Fränkischen Waldenser-

---

[1] Müllner fol. 750b: „in disem Jahr, Sambstag vor S. Walburgis
Tag, hat man zu Nürnberg sieben Personen wegen zugemessenen Unglaubens
und Ketzerei lebendig verbrannt, die sein gewest: ein Ferberin, die Mairin
genannt, Herman von Selingstatt vom Gerstenhoff und sein Weib, Leupolt
Stölzleins von Herbolzhoffs Weib und ihre Schwester, Elisabethin Strosserin,
Adelhard von Gemünd. Eilf Personen haben das Creuz angenommen,
offentlich Buss gethan und die Kezerey verschworen. Etlichen Personen
hat man die Statt verbotten. Neunzehen Personen sein entwichen, die man
auch aus der Statt gebannet." Auch 1399, am Erichtag vor S. Walburgstag,
wurden sechs Frauen und ein Mann verbrannt (Chron. der Deutschen Städte,
Nürnberg, I, 362. III, 297. IV, 136—137); vielleicht liegt bei Müllner eine
Verwechslung vor.

[2] Müllner (fol. 809a) setzt die Untersuchung irrthümlich in das Jahr
1390. „Meister Mertin ketzermeister" erhielt c. 30. April 1399 in Nürnberg
ein städtisches Weingeschenk (Deutsche Reichstagsacten III, 88, 11).

[3] Müllner fol. 861a.

thums in der Folgezeit — noch 1460 lagen in Eichstädt „Husiten“
im Kerker — und die hier vollständig durchgedrungene Verquickung
des Waldensischen und Taboritischen Bekenntnisses habe ich an
anderem Orte nachgewiesen [1].

Dem Zug der Böhmischen Grenze nach Norden folgend,
finden wir auch im Voigtland, der Markgrafschaft Meissen
und in den benachbarten Thüringischen und Obersächsi-
schen Gebieten die Waldensische Secte heimisch. In Erfurt hatte
schon Conrad von Marburg 1232 Ketzer verbrannt [2]; nach langem
Zwischenraume hören wir dann wieder im Jahre 1318 von der
Bestellung von Inquisitoren für die Diöcese Meissen, deren be-

---

[1] Religiöse Secten in Franken S. 28 ff.; Husit. Propaganda in Deutschland (Histor. Taschenbuch 6. Folge 7. 1888) S. 248 f. Vgl. Riezler, Geschichte
Baierns III, 805. Ueber Bartholomäus Rautenstock vgl. Döllinger, Beiträge zur Sectengeschichte des Mittelalters II, 626 ff. Darnach ist der wohl
aus der Gegend von Burgbernheim (zwischen Würzburg und Ansbach)
stammende Rautenstock in Prag bei „Meister Peter von Dressen und einem
Meister Niklas genannt, einem halben Meister, Schulmeister und Lehrer“
in die Schule gegangen, von welchen er seinen Unglauben und Ketzerei
gelernt zu haben angibt. Von dem Prager Weihbischof Hermann erhielt
er um 1417 auf der Burg Lipnic, wo jener damals von den Husiten gefangen gehalten wurde (Frind, Kirchengeschichte Böhmens III, 64), die
Priesterweihe und war ein Jahr lang „zum See“ als Husitischer Geistlicher
thätig. Angeblich weil ihm sein Gewissen wegen seiner Priesterweihe Vorwürfe machte, gab er den Priesterstand auf, verheirathete sich und zog
mit seiner Frau nach Burgbernheim, wo er zehn Jahre blieb; nach dem
Tod seiner Frau kehrte er wieder nach Böhmen zurück, von wo er, zu-
weilen in Begleitung seines erwachsenen Sohnes, wiederholt sich nach Franken
aufmachte. Etwa zwischen 1440—1450, als er eben von Tirschenreuth über
Kemnat, Pegnitz, Nürnberg und Burgbernheim nach Eibelstadt bei Würzburg gewandert war und von da über Nürnberg wieder seinen Rückweg
nach Böhmen nehmen wollte, wurde er unterwegs, wahrscheinlich in Burgbernheim, aufgegriffen und gefangen gesetzt. Als sein Glaubensgenosse
wird sein Schwager Heinz Weingarten, vermuthlich aus Burgbernheim, als
sein Freund ein Schneider aus Rothenburg genannt; auch in den von ihm
auf seiner Reise berührten Ortschaften ist er offenbar von Glaubensgenossen,
die er nicht verrathen will, beherbergt worden. Die ihm zur Last gelegten
Ketzereien sind die bekannten Waldensisch-Taboritischen: Verwerfung des
Fegfeuers, der Fürbitte und Verehrung der Heiligen, Bekämpfung des Ab-
lasses; Taboritisch ist die Forderung des Laienkelches und die Verwerfung
der Ohrenbeichte.
[2] Chron. Erf. bei Boehmer, Fontes rer. Germ. II, 389. Trithem. Chron.
Hirsaug. ad a. 1232.

reits oben Erwähnung geschah [1]. Mit dem Jahre 1336 — wir
erinnern an die gleichzeitigen Verfolgungen von „Luciferianern"
bezw. Waldensern in Brandenburg, Franken, Oesterreich, Böhmen
— beginnt in Magdeburg und Erfurt eine lange Reihe von Pro-
cessen gegen „Begharden", die sich wohl nur zum Theil gegen
wirkliche Angehörige der Secte vom freien Geiste gekehrt haben.
Namentlich der dem Privileg Kaiser Karl's IV. zufolge ausdrücklich gegen die Begharden aufgestellte Inquisitor Walther Kerlinger findet hier und in den anstossenden Thüringischen, Hessischen
und Niedersächsischen Gebieten ein ausserordentlich fruchtbares
Feld für seine Thätigkeit; der Kaiser rühmt 1369 von Kerlinger,
dass er die Secte der Begharden und Beginen in den Kirchen-
provinzen Magdeburg und Bremen, in Thüringen, Sachsen und
Hessen vernichtet habe [2]. Für Thüringen und Meissen ernannte
Papst Gregor XI. am 22. Juli 1375 den Dominicaner Hermann
von Hettstedt zum Inquisitor und empfahl ihn den Markgrafen
Friedrich, Balthasar und Wilhelm von Meissen und den Grafen
Heinrich und Günther von Schwarzburg [3]. In die Zeit der grossen
Begbardenverfolgung führen uns auch die ersten, allerdings recht
dürftigen, erhaltenen Nachrichten über Sächsisch-Meissnische
Waldenser. Im Jahre 1366 wurden drei Frauen aus Wittenberg
wegen Ketzerei in Untersuchung gezogen; die eine von ihnen
stammte aus der Mark, die andere aus der Gegend von Witten-

---

[1] Das päpstliche Schreiben vom 1. Mai 1318 an den Bischof von
Meissen, das im Uebrigen mit den an die Bischöfe von Krakau und Olmütz
gerichteten Schreiben gleichlautend ist, findet sich in Codex dipl. Saxo-
niae regiae. II (Hochstift Meissen), Bd. 1, 298 f. Vgl. oben S. 25.
[2] Vgl. Mosheim, De beghardis et beguinabus S. 298. 339 ff. 358;
Wilmans, Histor. Zeitschr. 41 (N. F. 5) S. 193 ff.; Wattenbach,
Sitzungsberichte der Berliner Akademie 1887 S. 517 ff. Vergl. oben S. 50
Ein Haus in Jena, das dem dortigen Nonnenkloster gehörte, führt in
einer Urkunde von 1378 den Namen „Ketzerei", vielleicht von früher in
demselben seashaft gewesenen Beginen oder Begharden? (Martin, Urkundenbuch der Stadt Jena I, 360.) Die Naumburger Synodalstatuten vom
Jahre 1350 schärfen die öffentliche Excommunication der Häretiker ein und
erneuern das Verbot, die hingerichteten Ketzer zu begraben (Hartzheim,
Concilia Germaniae IV, 357).
[3] Bzovius, Annales ecclesiastici XIV, 1509 (ad a. 1375, 14). Im Schwarz-
burgischen Sondershausen und dessen nächster Nachbarschaft finden wir
später die Geisslersecte verbreitet, deren Verfolgung in Deutschland 1372
von Gregor XI. angeordnet wird (Raynaldus ad a. 1372, 33).

berg, die dritte, die Frau eines Wittenberger Bäckers, hatte auch in Dresden sich als Ketzerin bemerkbar gemacht. Soweit uns der Inhalt der Irrlehren jener Wittenbergerinnen überliefert ist, decken sie sich so vollständig mit den Lehren der Waldenser, dass die Zugehörigkeit der drei Ketzerinnen zur Waldensischen Secte nicht bezweifelt werden kann [1]. Während die Magdeburger Provinzialsynode von 1370 die in erster Linie von den Waldensern vertretene Lehre, dass die Wirkung der priesterlichen Handlungen durch sittliche Makellosigkeit bedingt sei, nachdrücklich verdammte und die strenge Befolgung der kaiserlichen Ketzergesetze einschärfte, ist an den Meissner Bischof, wie bereits früher erwähnt, 1381 auch von Böhmen aus die Aufforderung zur Ausrottung der Waldensischen Ketzerei ergangen [2]. Die Waldenserverfolgung der Böhmischen Inquisitoren hat sich dann auf Thüringen und, wie wir annehmen dürfen, auch auf Sachsen-Wittenberg ausgedehnt. Zwei zum Katholicismus zurückgetretene Waldensische Prediger, Conrad von Erfurt und Hans aus Steiermark, hatten zuerst versucht, auf gütlichem Wege die Erfurter Waldensergemeinde mit der Kirche auszusöhnen; nachdem dieser Versuch völlig fehlgeschlagen, hielten der Cölestiner Petrus und Martinus von Amberg 1391 über die Widerspenstigen Gericht. Im folgenden Jahre scheint dann Martinus von Prag abermals gegen

---

[1] Ant. Weck, Der Residentz und Hauptvestung Dresden Beschreibung. Nürnb. 1680, S. 305: indeme (wie ein uhraltes Manuscript meldet) selbiges Jahr [1366] zwey Jungfern zu Wittenberg, deren die eine aus der Marck, die andere um Wittenberg bürtig gewesen, welche beyde Margaretha geheissen, und eines Becken Weib in Wittemberg, Agnes genant, welche letztere auch nachgehends sich alhier eingefunden, insgesamt eine Secte erreget, also dass sie vorgegeben, der Antichrist wäre gebohren, man sollte an kein Fegfeuer glauben, noch an die Vorbitte der Heiligen und sagten, man solte sie nicht ehren, es wäre Abgötterey; sie verachteten den Pabst, die Prälaten und andere Geistlichen, erwehnten, die Pfaffen wären geitzig, hoffärtig und unkeusch; auch hielten sie nichts von dem geweyheten Saltze und Wasser. Sie gaben für, es wäre erdichtet ding mit der Kirche und dem Banne, auch waren sie wider die Wallfahrten und Besuchungen der heiligen Oerter. Endlich wolten sie auch nicht, dass man die Ubelthäter umbrächte, sondern achtete es für Todtsünde. Es wurde ihnen aber respective von Churfürsten zu Sachsen und denen Landgrafen in Thüringen auch Marggrafen zu Meissen das Vornehmen zeitlich verbothen.

[2] Hartzheim, Concilia Germaniae IV, 412; 413. Vgl. oben S. 55.

die Erfurter Ketzer eingeschritten zu sein und eine Anzahl der-
selben zum Scheiterhaufen verurtheilt zu haben [1]. Als Waldensische
Meister begegnen uns in dieser Zeit verschiedene Voigtländer:
so Nicolaus von Plauen, der Sohn eines Müllers, ferner ein Krämer
Nicolaus von Plauen und der Scholare Claus von Plauen, eines
Leinewebers Sohn; um 1420 hat der Nürnberger Hans von Plauen
eine hervorragende Stelle in der Leitung der Waldensischen
Secte eingenommen. Auch in und um Wittenberg finden wir
wieder um 1390 Anhänger des Waldenserthums: der ebengenannte
Scholare Claus von Plauen, der nach seiner Bekehrung wieder
rückfällig geworden war, hat zwei Jahre lang im Haus der Waldenserin Margaretha in Wittenberg gewohnt und an den Conventikeln
der dortigen Waldenser Theil genommen; unter den Leitern der
Secte wird in der Liste von 1392 Konrad von Sachsen aus Da-
brun unweit (südöstlich) von Wittenberg genannt, der um diese
Zeit sowohl die Märkischen, wie die Strassburgischen Waldenser
pastorirt [2]. In Meissen schärfte der Bischof Rudolf von Planitz
(1411—1427) seinem Klerus die Strafbestimmungen gegen die
Häretiker in seinen 1411 erlassenen Diöcesanstatuten ein [3]. Aus
derselben Zeit wird uns auch über das Wiederauftauchen Walden-

---

[1] Vgl. meine Schrift: „Der Waldensische Ursprung des Codex Teplensis"
S. 35: „Conradus de Erfordia, qui prius fuit sutor. hic post conversionem suam
revenit Erfordiam et coram hereticis eiusdem secte reclamavit errorem suum
predicans eis veram Christi Jesu fidem et nullus voluit converti nisi soror
eius, que fuit uxor Mathei Witenberg pileatoris. postea tamen anno d. 1391
per dominum Martinum de Amberg et fratrem Petrum Celestinum omnes
in Erfordia sunt convicti et conversi abiurati et cruce signati. item Hans
von der Steiermarch filius textoris. hic similiter sicut Conradus predictus
reclamavit et revocavit errorem suum coram predictis in Erfordia"; jetzt
auch bei Döllinger, Beiträge II, 330. Trithemius, Annales Hirsaugienses
(St. Gall. 1690) II, 296. Vgl. oben S. 58 Note 1, sowie die oben S. 57
Note 1 angeführte Stelle des Petrus von Pilichdorf über die Thüringischen
Ketzerbekehrungen.
[2] Vgl. Friess S. 257 und Döllinger, Beiträge II, 367, ferner
meine Schrift „Der waldens. Ursprung des Codex Tepl." S. 35 f. Von
Claus von Plauen heisst es: fuit scolaris filius Conradi linificis; hic duobus
annis moratus est in domo Margarethe in Wittenberg et manens hereticus
frequentavit scolas ibidem. Vielleicht ist auch der obengenannte Erfurter
Hutmacher Mathäus (von?) Wittenberg mit den Wittenbergischen Waldensern
in Verbindung zu bringen. Ueber Conrad von Sachsen vgl. auch Röhrich
a. a. O. S. 66 und Wattenbach, Abhandlungen S. 41.
[3] Hartzheim, Concilia Germaniae V, 36.

sischer Lehren in Dresden berichtet. Die Nachricht knüpft
sich an den Namen des vielbesprochenen Magisters Peter von
Dresden[1], dem, mit Recht oder Unrecht, die Initiative zu der
Einführung des Laienkelchs in Böhmen zugeschrieben wird. An
der Prager Universität gebildet, hat Petrus um 1412 die Kreuzschule zu Dresden geleitet; an seiner Seite haben damals, wie es
scheint, die Magister Friedrich und Nicolaus von Dresden gestanden. In den nächstfolgenden Jahren brachte die Verbreitung
von Irrlehren Petrus und seine Genossen in Conflicte mit dem
Meissner Bischof; um 1414 finden wir eine Gruppe von Dresdener Magistern, unter ihnen Petrus und Nicolaus, in Prag, die
an der Herausbildung einer radicalen Partei aus dem Kreise der
Prager Husiten in hervorragender Weise betheiligt sind, und
welche von zwei jüngeren Zeitgenossen, Johann Papausek aus
Sobeslaw[2] († 1455) und Aeneas Sylvius[3], als Waldenser bezeichnet werden. Was wir sonst aus den Böhmischen Quellen
über die Dresdener Magister hören, scheint die letztere Angabe
eher zu bestätigen, als zu widerlegen. Unter ihren Lehrsätzen
begegnet die Leugnung des Fegfeuers und der Fürbitte der Heiligen[4], sie reizen durch öffentliche Aufzüge, bei denen Bilder

---

[1] Eine sorgfältige Zusammenstellung des über Peter von Dresden vorliegenden Quellenmaterials gibt O. Meltzer's Schriftchen „Die Kreuzschule
zu Dresden bis zur Einführung der Reformation" (1885) S. 54 ff. Wie ich
einer brieflichen Mittheilung J. Goll's entnehme, ist die Angabe, dass ein
P. v. Dr. in den Prager Facultätsacten nicht genannt werde, unrichtig;
hoffentlich erhalten wir bald von dem genannten Forscher erwünschte neue
Aufschlüsse über Peter's Antheil an der Einführung des Laienkelchs, der
nach unserer Ansicht bisher zwar nicht zur Evidenz erwiesen, noch weniger
aber durch Palacky's Polemik gegen Höfler (Die Geschichte des Husitenthums und Prof. Constantin Höfler. 2. Aufl. [1868] S. 110 ff.) endgültig
abgethan ist.
[2] Die Stelle bei Höfler, Geschichtschreiber der Husit. Bewegung in
Böhmen III, 158 f.
[3] Historia Bohemica c. 35. Die Stelle ist insoferne nur von secundärer
Bedeutung, als nach Palacky (a. a. O. S. 112) Aeneas Sylvius in seiner
Böhmischen Geschichte vielfach von Papausek abhängig ist.
[4] Vgl. die Stellen bei Höfler a. a. O. S. III, 156 f.; 234 f. Sehr in-
teressant ist das neuerdings von Döllinger, Beiträge II, 626 ff. veröffentlichte Bekenntniss des Taboritischen „Ketzermeisters" Bartholomäus Rautenstock aus Franken (vgl. oben S. 64 Note 1), der Magister Peter und Nicolaus
von Dresden als seine Lehrmeister im „Unglauben" nennt, zu welchen er

von kirchenfeindlicher Tendenz vorgeführt werden, das Volk gegen
Papst und Klerus auf, als Folge ihrer Agitationen wird der Böhmische Kirchen- und Bildersturm und das Aufkommen der radicalen Bestrebungen des Taboritenthums betrachtet [1]. Dazu
kommt noch das classische Zeugniss, welches der 1425 als Ketzer
in Worms verbrannte Sächsische Edelmann Johannes von Drändorf bei seinem Verhöre über Petrus und Friedrich, seine früheren
Lehrer an der Dresdener Kreuzschule, abgelegt hat. Ebenso
wie es von den Dresdenern Magistern berichtet wird, hatte auch
Drändorf sich von Dresden nach Prag gewandt, war mit den
Deutschen Studenten und Magistern 1409 nach Leipzig über-
gesiedelt und dann wieder nach Böhmen zurückgekehrt; wir
dürfen ihn wohl auch hier in der Umgebung der Dresdener Magister
suchen [2]. Um 1417 empfing er ebenso wie ein zweiter Schüler
Peter's, Bartholomäus Rautenstock aus Franken, von dem Prager
Weihbischof, Hermann Bischof von Nicopolis, der nachmals wegen
des massenhaften Weihens von utraquistischen Geistlichen abgesetzt wurde, die Priesterweihe und war drei Jahre lang als
Prediger in Prag und in dem uns aus der Geschichte des Böhmischen Waldenserthums mehrfach bekannt gewordenen Neuhaus
thätig; hier hatte er 1421 seinen Aufenthalt [3]. Ueber seine religiösen Grundsätze hat sich Drändorf vor seinen Richtern mit
bewundernswerthem Freimuth geäussert, wie denn auch offenbar

demnach offenbar in einem näheren Verhältniss als zum eigentlichen Husitismus gestanden hat.
[1] Chronicon Procopii bei Höfler I, 72; Papausek ib. III, 158 f.
und die in der vorangehenden Anmerk. genannten Stellen.
[2] Für die Biographie Drändorf's vgl. J. E. Kapp, Kleine Nachlese
einiger - - - zur Erläuterung der Reformationsgeschichte nützlichen Urkunden III (1730) S. 1 ff. und Krummel in den theologischen Studien
und Kritiken 42 (1869) S. 130 ff.; über seine Beziehungen zu dem Husiten
Peter Turnow meine „Husitische Propaganda in Deutschland" a. a. O.
S. 264 ff.
[3] Kapp S. 38: dicit se ordinatum fuisse citra VIII vel IX annos a
quodam suffraganeo archiepiscopi Pragensis, qui postea ab Hussitis occisus
fuit. S. 39: respondit quod predicavit in quodam opido dicto Nova Domus
et etiam in Praga ultra tres annos. S. 47: item queritur, ubi fuerit illo
tempore, quo totus populus fuit ante Saetz (Sactz?). respondit quod in
quadam civitate vocata Nova Domus in - - -. Ueber den von den Taboriten
1420 ermordeten Prager Weihbischof Hermann Eurab vgl. Frind, Kirchengeschichte Böhmens III, 64.

jede seiner Angaben unbedingten Glauben verdient; er erklärt
sich als Gegner des Eides, der Ablässe, der Unfehlbarkeit der
Concilien, der Ceremonien der Messe, des blinden kirchlichen
Gehorsams, der Grade und Titel an den Universitäten, der Ausübung weltlicher Gerichtsbarkeit durch Kleriker, des päpstlichen
Primates, der Excommunication und der weltlichen Herrschaft
der Geistlichkeit. Bei der fast vollständigen Uebereinstimmung
des Waldensischen und Taboritischen Reformprogramms bezüglich
der obengenannten Lehrpunkte würde es ein fruchtloses Bemühen
sein, an ihrer Hand eine Beeinflussung Drändorf's seitens der
einen religiösen Partei mit Ausschluss der anderen im Einzelnen
nachweisen zu wollen [1]. Sehr beachtenswerth ist es aber, dass
Drändorf wiederholt erklärt, dass er seine Lehre den Magistern
Petrus und Friedrich verdanke und dieselbe keineswegs mit der
Husitischen identificirt; von dem Magister Friedrich, dem er besonders nahe gestanden zu haben scheint, bemerkt er ausdrücklich, dass er nie der Secte der Husiten beigetreten sei [2]. Möchte
man nach dem Gesagten versucht sein, Papausek's Angabe, die
Dresdener Magister seien Waldenser gewesen, Recht zu geben,
so steht doch einer definitiven Entscheidung in diesem Sinne

---

[1] Auf eine Verbindung Drändorf's mit dem Waldenserthum möchte es
hinweisen, dass er als Grund seiner Reisen nach Mittel- und Ober-Deutsch-
land angibt, er habe Geistliche gesucht „qui secundum regulam Christi
viverent" (Kapp S. 39) und sich selbst zur „paupertas Christi" bekennt
(ib. S. 47).

[2] Kapp S. 38 f.: respondit quod (studuit) in Dresden in Misna sub
magistro Friderico, consocio magistri Petri de Dresden, et dicit, quod ille
magister Fridericus erat humilis et devotus et ambo obierint Prage et
dicit dictum magistrum Fridericum non esse de secta Hussitarum nec fuisse;
ib. S. 58: respondet, quod spiritus sanctus sibi presentem doctrinam dederit,
mediate tamen habuit eam a magistro suo Friderico et magistro Petro de
Dresda et asserit eorum doctrinam esse sacram et veram et esse mortuos
in via et fide Christi, et utinam ipse sic mori posset. Ueber Hus und
Hieronymus äussert er sich weit zurückhaltender; vgl. S. 54: item quesitus
an credat Jo. Hus et Jeronimum debite et iuste esse condempnatos, respondit,
quod nihil credat nisi que scriptura docet et deus scit, si iuste condempnati
sunt vel iniuste. Ob der 1421 (in Baiern?) als Anhänger des Wiclifismus
verbrannte Magister Peter von Dräsen (Anonymi farrago hist. rer. Ratisbon.
bei Oefele, Scriptor. rer. Boic. II, 511) mit unserem Peter v. Dr. identisch
ist, kann angesichts der eben mitgetheilten bestimmten Angabe Drändorf's
wohl nicht ohne Weiteres bejaht werden. Ueber Bartholomäus Rautenstock
aus Franken und sein Verhältniss zu Peter von Dresden vgl. oben S. 64.

ein Bedenken in der weiteren Möglichkeit entgegen, dass Petrus
und seine Genossen durch Wiclifitische und Lollardische Lehren,
die ja bekanntlich in einer grossen Anzahl von Punkten mit den
Waldensischen gleichfalls übereinstimmten, beeinflusst worden sind.
Das Beispiel des sofort zu nennenden Schlesischen Ketzers Stephan
vom Jahre 1398 zeigt uns, dass die Englische Reformbewegung
schon sehr frühe nach Deutschland übergegriffen und nicht allein
in Böhmen Anhänger gefunden hat; es kommt hinzu, dass Papausek
mit den Dresdener Magistern und Ketzern zusammen solche
aus England nennt, und dass als Genosse des Petrus bei seinem
zweiten Aufenthalt in Prag ausdrücklich ein Engländer, der
Magister Nicolaus Englisch, der angeblich mit Petrus zusammen
aus Dresden verwiesen worden, angegeben wird [1]. Angesichts
dieser complicirten Sachlage können wir nur mit einer gewissen
Wahrscheinlichkeit vermuthen, dass Petrus und seine Dresdener
Genossen zunächst den Lehren des Waldenserthums sich ange-
schlossen hatten, alsdann mit Englischen Lollarden in Verbindung
getreten und nach ihrer Uebersiedlung nach Prag von Einfluss
auf die Bildung der Taboritischen Partei, deren Programm zugleich
Wiclifitische und Waldensische Beeinflussung aufweist, geworden
sind. Eine ganz ähnliche Stellung sehen wir zur selben Zeit den
Engländer Peter Payne einnehmen, der, nachdem er in England
als Lollarde verfolgt worden, um 1420 und dann wiederholt 1430
in Beziehung zu den Deutschen Waldensern tritt, in Böhmen
sich dem Utraquismus anschliesst und nach verschiedenen
Schwankungen sich dauernd mit den Taboriten verbindet [2].

---

[1] Papausek bei Höfler III, 159: venerunt quidam de Missna clerici
et scolares de Drazden, alii de Pikardia, alii de Anglia, qui adhuc plus
quam prius infecerunt - - - per suos errores regnum Bohemiae. Uebersetzung
Tschechischer Chronik bei Höfler III, 234: Dieses Jahr (1415) wohnten
in Prag am Graben bei der Schwarzen Rose die Dresdener Magister, Bacca-
laren und hatten hier ihre Burse, als: der Magister Peter, Magister Nikolaus
Englisch und Nikolaus Lorizes. Diese waren aus Dresden verwiesen, denn
sie reichten heimlich das Blut Christi dar. Vgl. das Geständniss von Peter's
Schüler Rautenstock bei Döllinger, Beiträge II, 628: wie dass er zu Prag
in die Schul gangen sei, aber nicht in das Collegium, sondern in einen
Hof dabei; da sei Meister Peter von Dressen und einer Meister Niklas,
ein halber Meister, Schulmeister und Lehrer gewesst, von denen er den
Unglauben und Ketzerei gelernt habe.
[2] Vgl. Palacky, Gesch. v. Böhmen IV, 1, 453; W. Böhm, Friedrich

Auch nach dem Abzug der häretischen Magister und Scholaren aus Dresden sind daselbst Ketzer verfolgt worden; so
musste 1417 eine Dresdenerin ihres „Unglaubens" halber mit
Zurücklassung ihres Besitzes das Land räumen [1]. Die Verbindungen, welche der Husitismus in Meissen und der Lausitz unterhielt, haben wir an anderem Orte nachgewiesen; auch das
Waldenserthum scheint sich noch bis um die Mitte des 15. Jahrhunderts in Meissen erhalten zu haben [2].

Die Thätigkeit der Inquisition in Schlesien und Polen
in den Jahren 1315 ff. und 1327 ff. haben wir früher verfolgt; in beiden Fällen scheinen die hier geführten Untersuchungen im Zusammenhang mit den Waldenserverfolgungen
in den benachbarten Deutschen Landschaften gestanden zu haben,
und für die Zeit um 1330 wird ein Vorgehen der Inquisitoren
gegen Polnische Waldenser ausdrücklich bezeugt [3]. Die Conflicte
zwischen dem Breslauer Bischof Nanker (1327—1341) und König
Johann von Böhmen, welche bekanntlich zur Excommunicirung
des Königs, seines Schlesischen Landeshauptmanns und des Breslauer Rathes, sowie zur Verhängung des Interdictes über die
Stadt Breslau führten, riefen den bereits 1330 thätig gewesenen
Schlesischen Inquisitor Johann von Schwenkenfeld wiederholt auf
den Plan [4]. Ob er, wie die auf Seite der päpstlichen und Polnischen Partei stehenden Berichte es hinstellen, in Breslau einen
Kampf gegen wirkliche Ketzerei zu führen hatte, oder ob die
Anklage der Häresie in der Hauptsache nur den politischen
Streit auf das kirchliche Gebiet hinüberspielen sollte, lässt sich
nicht mit Sicherheit entscheiden. Ganz unglaubhaft ist jeden-

---

Reiser's Reformation des K. Sigmund S. 150; Höfler, Geschichtschreiber
II, 824 ff.; Monumenta concilior general. saec XV. 1, 269; 343 ff.

[1] Machatschek, Die Bischöfe des Meissner Hochstiftes, im Neuen
Lausitz. Magazin 55 S. 362 nach der Urkunde im Cod. dipl. Sax. reg. II, 5,
136 (N. 156).

[2] Vgl. „Husitische Propaganda" S. 252. Um 1455 hatte Friedrich Reiser
in dem Meissnischen Dorfe Engelsdorf bei Leipzig eine von langer Hand
verabredete Zusammenkunft mit seinen Genossen, die doch wohl unter dem
Schutze von dortigen Glaubensgenossen stattfand. (Böhm a. a. O. S. 88 f.)

[3] Vgl. oben S. 26. 28 f.)

[4] Grünhagen, König Johann von Böhmen und Bischof Nanker von
Breslau, in den Sitzungsberichten der philosoph.-histor. Classe der Wiener
Akademie 47 (1864) S. 85 ff.; Derselbe, Geschichte Schlesiens I, 165 ff.

falls die Angabe, dass es die Lehren der Franciscanerspiritualen waren, welche um 1340 bei der Breslauer Bürgerschaft allgemeinen Anklang fanden; eher könnte man noch in der den Breslauer Ketzern beigemessenen Bezeichnung der Kirche als Babylonische Hure und satanische Synagoge und des Papstes als Antichrist, wie in ihrer angeblichen leidenschaftlichen Anfeindung des Klerus einen Hinweis auf die Verbreitung des Waldenserthums in Breslau erblicken [1]. Johann von Schwenkenfeld, den König Johann behufs Schlichtung der Breslauer Wirren zu sich nach Prag berufen hatte, ist am 28. September 1341 im dortigen Dominicanerkloster ermordet worden; die Anstifter der Blutthat, für die man den Schlesischen Landeshauptmann und die Breslauer Rathsherren verantwortlich machte, sind unbekannt geblieben. Nach langer Pause hören wir dann wieder im Jahre 1380 von Ketzerverfolgungen, die Bischof Johann von Neumarkt, früherer Bischof von Olmütz, während seiner kurzen Amtsthätigkeit in der Breslauer Diöcese anordnete und die sich zum Theil gegen früher bereits verurtheilte und von auswärts nach Schlesien geflüchtete Häretiker richten sollten [2].

Ein interessantes Zeugniss für die unter Herzog Wenzel von Liegnitz (1382—1417), dem Nachfolger Johann's von Neumarkt

---

[1] Bzovius, Annal. eccles. XIV, 894 (ad a. 1341, 8): pervaserat e proxima Bohemia Petri Joannis Piranensis (!) - - - Wratislaviam impius error infandaque haeresis contra ecclesiam eiusque sacros hierarchas. namque connivente rege - - - in compitis et circo profani homines suggestibus excitatis Babylonis magnaeque meretricis nomine intelligendam esse catholicam Romanamque ecclesiam esse contendentes illam etiam ecclesiam carnalem, bestiam et satanae synagogam, summum vero pontificem Antichristum vocabant. praeter haec animam rationalem, qua rationalem humani corporis esse formam negabant, apostolos nonnisi secundum litteralem, non vero iuxta spiritualem sensum evangelium praedicasse docebant. in baptismo neque gratiam neque virtutes theologicas infundi affirmabant, Christum adhuc viventem lancea perforatum esse blaterabant. super omnia vero ecclesiasticos cano peius et angue oderant et quibusvis iniuriis impune posse affici publicabant. ex his cerdonum aliquis, apud Vratislavienses dignitatem consularem per id temporis adeptus, ausus est et ipse exedra in publico erecta in potestatem pontificiam debacchari et alios petulantes plurimos in omne scelus effusos adversus clerum magis irritare et facinus Joannis excusare voluerat.

[2] Tadra, Cancellaria Johannis Noviforensis episc. Olomucensis, im Archiv für Oesterr. Gesch. 68, 141 ff. (Nr. 208. 209).

auf dem Bischofsstuhle von Breslau, fortdauernde Thätigkeit der
Schlesischen Inquisition ist vor kurzem durch Wattenbach ans
Licht gezogen worden: es ist das am Anfange des 15. Jahrhunderts entstandene Handbuch des Polnischen Inquisitors Peter
von Krakau, in welchem neben einer Auswahl aus dem „Directorium inquisitorum" des Spaniers Nicolaus Eymerici eine Anzahl von Inquisitionsacten, welche Deutsche und speciell Schlesische
Verhältnisse betreffen, Aufnahme gefunden hat[1]. Die Reihe der
letzteren eröffnet die Ernennung des Lectors des Breslauer Dominicanerklosters, Johann Gleiwitz, zum Inquisitor für Schlesien
durch den Polnischen Dominicanerprovinzial Andreas Rutheni;
derselbe beruft sich dabei auf die von uns früher erwähnte Bulle
Johann's XXII. vom 29. April 1327, welche den damaligen Polnischen Dominicanerprovinzial zur Aufstellung von Inquisitoren
aus dem Predigerorden gegen die aus Deutschland und anderen
Ländern in Polen sich einschleichende Ketzerei ermächtigt hatte.
Bischof Wenzel zögerte nicht, dem designirten Inquisitor seiner-
seits die nöthigen Vollmachten auszustellen; es geschah dies in
einer Urkunde vom 6. Mai 1397, auf welche dann am 15. September 1404 eine weitere Bestätigung des Johann Gleiwitz als
Inquisitor der Breslauer Diöcese folgte. Dass Letzterer auch
wirksame Unterstützung seitens der weltlichen Fürsten fand, zeigen
uns zwei in das besprochene Handbuch aufgenommene Urkunden,
in welchen Herzog Ruprecht von Liegnitz (1364—1409) und
Herzog Prschemislaw von Teschen (1358—1410) ihre Beamten
zu energischer Förderung der von dem Dominicaner anzustellenden
Untersuchungen anhalten; nur die Urkunde des Teschener Herzogs ist datirt, und zwar vom 7. September 1400. Ueber weitere
Einzelheiten der Thätigkeit des Schlesischen Inquisitors unter-
richten uns die Einträge des Handbuches nicht; sie zeigen nur,

---

[1] Wattenbach, Ueber das Handbuch eines Inquisitors in der Kirchenbibliothek St. Nicolai in Greifswald, in den Abhandlungen der königl.
Preuss. Akademie der Wissenschaften zu Berlin vom Jahre 1888. Da das
Handbuch keinerlei Hinweis auf die gerade für Schlesien und Polen besonders gefährliche Husitische Ketzerei enthält, so dürfte die Thätigkeit des
als „Petrus cantor, inquisitor Cracoviensis" bezeichneten Besitzers des
„liber inquisitionis" zwischen 1405 und 1415 fallen. Die erste Anlage des
Handbuches und die Excerpirung des „Directorium" des Eymericus scheint
auf Johann Gleiwitz zurückzugehen.

dass Johann Gleiwitz für sein Vorgehen gegen die Schlesischen
Ketzer durchaus die Anweisungen und Formeln des „Directorium"
des Eymericus zur Richtschnur genommen hatte, so wenig angezeigt auch deren Anwendung auf Deutsche Verhältnisse erscheinen mochte.

Einen merkwürdigen Process hatte der Inquisitor im Jahre 1398
in Breslau gegen einen gewissen Stephanus zu führen, der
schon in Oxford drei Jahre lang eingekerkert gewesen war und
dessen ketzerische Lehrsätze zugleich Waldensische und Wiclifitische
Beeinflussung verrathen [1]. Mit den Waldensern, zum Theil aber
auch mit den vorgeschritteneren Lollarden, stimmt Stephanus in
seiner Bezeichnung der Bibel als einzigen Glaubensquelle, in der
Verwerfung der Bilder, der Anrufung der Heiligen, der Excommunication und der priesterlichen Strafgewalt, sowie in seiner
Forderung des Rechtes der Predigt und der Spendung der Sakramente für die durch ihre sittliche Qualität hierzu berufenen Laien
überein. Zunächst an Waldensische Lehren klingt es an, wenn
Stephanus den schlechten Geistlichen die Fähigkeit der Sakra-
mentsverwaltung abspricht, nur die „Guten" zur Kirche rechnet,
den Eid und die Annahme der Existenz des Fegfeuers bekämpft
und als Gebet allein das Vaterunser zulassen will; mit den Lollarden wird von Stephanus die Wandlung im Altarsakramente
geleugnet. Der gegen den verwegenen und mit grosser Hart-
näckigkeit disputirenden Ketzer angestellte Process endete mit

---

[1] Catalogus abbatum Saganensium, in Scriptores rer. Silesiacar. I,
251 f.: primo namque praesumpsit se asserere spiritum sanctum habere et,
cum esset laicus, se missum a spiritu sancto ad predicandum et non solum
ipsum sed et quemlibet fidelem et quemlibet justum christianum. item quod
parvuli salventur, absque baptismo defuncti. item quod quilibet laicus
justus possit absolvere a peccatis et consecrare corpus Christi, non autem
haec possit factus (sacerdos) malus. item, quod non sit verum corpus Christi
sub sacramento altaris, sed solum quaedam salubritas. item quod non
sit purgatorium. item quod sancti non sint adorandi nec ymagines. item
quod sola oratio dominica sit dicenda pro oratione. item nichil curavit
determinacionem et statum ecclesiae Romanae. item quod prelati mali non
habent auctoritatem in ecclesia nec eis sit obediendum. item quod excom-
municare sit illicitum. item quod jurare sit simpliciter illicitum et quod
mali non sint de ecclesia ... textum biblie promptissime juxta contextum
verborum memoriae commendatum tenuit ... nulla argumenta contra se,
nisi ex textu biblie admittere voluit.

seiner Verbrennung auf dem Scheiterhaufen. Ein vermuthlich vorübergehend in Böhmen verweilender Breslauer Geistlicher, Nicolaus von Namslaw, wurde 1392 wegen nicht näher bezeichneter irriger Lehren vom Predigtamt suspendirt und durch den Prager Inquisitor Bischof Nicolaus in Untersuchung genommen [1].

Als Polnische Waldenser werden uns in dem Verzeichnisse der Meister von 1392 ein Nicolaus und Johannes von Polen genannt; dieselben sind vielleicht identisch mit den beiden gleichnamigen polnischen Waldensermeistern, die nach dem Zeugnisse der 1393—94 verhörten Märkisch-Pommerischen Waldenser die Seelsorge bei diesen ausgeübt haben [2]. Von 1380—1403 ist in Polen der Dominicaner Petrus Stephani als eifriger Ketzerverfolger wirksam gewesen; in die Zeit unmittelbar vor dem Ausbruche der Husitenkriege dürfte die Thätigkeit seines Ordensgenossen, des Inquisitors Petrus von Krakau, fallen [3]. Im letzten Decennium des 14. Jahrhunderts haben endlich, wohl von Polen aus, auch im Preussischen Ordensstaate kirchenfeindliche Lehren, wie es scheint, Waldensischen Charakters Eingang gefunden [4].

---

[1] Frind, Kirchengeschichte Böhmens III, 27 nach Tingl, Acta judicialia S. 84.

[2] Wattenbach, Abhandlungen der Berl. Akad. 1886 S. 41.

[3] Bzovius, Annales eccles. XV, 238 (ad a. 1403, 26). Zum Einschreiten gegen die Anhänger der Lehren Milicz' von Kremsier wurde u. a. auch der Erzbischof von Gnesen von Gregor XI. im Jahr 1374 aufgefordert. (Theiner, Vetera monumenta Poloniae et Lithuaniae I, 699.) — Vgl. oben S. 74 Anm. 1.

[4] Die letzte Quelle für die Geschichte der angeblich von dem Hochmeister Konrad von Wallenrod (1391—1393) begünstigten Ketzereien ist bekanntlich die so überaus übel berüchtigte „Preussische Chronik" Simon Grunau's (Ausgabe von Perlbach in den Preussischen Geschichtschreibern des 16. u. 17. Jahrh. I, 674 ff.); J. Voigt (Gesch. Preussens V, 723 f.) hat denn auch Grunau's Bericht von dem Auftreten des „Albanischen Ketzers Doctor Leander von Sanctonio aus Frankreich", seinen ketzerischen Lehrsätzen und seinem Verlangen nach einem in Marienwerder abzuhaltenden Religionsgespräch als eine böswillige Erfindung des ordensfeindlichen Chronisten bezeichnet. Dass der ohne Frage sehr aufgebauschten Erzählung Grunau's doch die Thatsache des Auftretens von Häresien in Preussen zu Grunde liegt, scheint aus den Mittheilungen von Hipler (Meister Johannes Marienwerder. Zeitschrift für die Geschichte Ermlands III, 271 ff.) hervorzugehen, wonach der Domdechant Johann von Marienwerder um 1399 einem wegen seiner Lebensführung und seiner Ketzereien anrüchigen

Im Ungarischen Reiche war der Inquisition mit der seit
dem Anfang des 13. Jahrhunderts aufgenommenen Bekämpfung
des südslavischen Katharerthums eine ungemein schwierige Aufgabe gestellt worden. In endloser Reihe ergehen seitdem päpstliche Mahnschreiben an die Könige, Magnaten und den Klerus
von Ungarn, die sie zum Kampf gegen die Schismatiker und die
Patarener namentlich in Bosnien, aber auch in Croatien, Slavonien,
Dalmatien, Serbien und dem südlichen Ungarn aufrufen. Trotz
des religiösen Eifers einzelner Ungarischer Könige — namentlich
unter Ludwig I. (1342—1382) sind Hunderttausende von Schis-
matikern und Katharern durch die als Inquisitoren bestellten
Minoriten „bekehrt" worden — hat es doch erst des siegreichen
Vordringens des Islams bedurft, um die Katharersecte im 15. Jahrhundert in Ungarn und den benachbarten Ländern verschwinden zu
lassen [1]. Wir haben bereits früher gesehen, dass um 1330 auch

---

Irrlehrer seiner Vaterstadt Marienwerder durch die von ihm verfasste „Erklärung des apostolischen Symbolums" entgegentrat. Die Instruction, welche
die Visitatoren Pomesanischer Pfarreien um 1400 erhielten, enthält u. a.
die an die Laien zu richtende Frage: si qui sint haeretici vel de sacramentis ecclesiae et articulis fidei male sentientes seu alias de infidelitate
suspecti? (Hipler S. 274.) Nach der allerdings wenig verlässigen Angabe
Grunau's (S. 677) fand unter Konrad von Wallenrod eine Ketzerverfolgung
in Preussen statt, die Viele zur Flucht veranlasste; die Gebeine der verstorbenen Ketzer wurden aus den Kirchhöfen ausgegraben. Die Statuten des
Bischofs Heinrich III. von Ermland (1373—1401) von c. 1393 enthalten den
Passus: cum blasphemare sit in spiritum sanctum, aliquid agere proterve,
aut etiam loqui contra sacros canones, qui spiritus sancti instinctu sunt
conscripti, prohibemus, ne quis apud clericos vel laicos contra statuta cano-
num et ecclesiae blasphemando vel aliquid jocose loquatur dicendo videlicet:
„papa vel ecclesia hoc et illud statuere non potest" vel „truffa est, quod
de excommunicatione vel de indulgentiis scripturae vel clerici nobis dicunt",
nam tales censendi sunt haeretici. vel jocari de talibus jocus est noxius
et jure puniendus. (Thiel, de synodo dioecesana Henrici III ep. Warmien-
sis. Index lectionum Brunsbergens. per biemem 1861—62). Die dem Hochmeister Reuss von Plauen und seinen Anhängern zugeschriebenen Wiclifitischen Ketzereien, von denen nur Simon Grunau (II, 22 ff.) berichtet,
trage ich Bedenken in diesen Zusammenhang zu bringen; sie beruhen wohl
auf reiner Erfindung Grunau's.
[1] Schmidt, Histoire de la secte des cathares I, 104 ff. Wichtiges
neues Material für die Geschichte der südslavischen Katharer haben u. a.
die seitdem von Theiner herausgegebenen „Monumenta vetera historica
Hungariam sacram illustrantia" bekannt gemacht. Vgl. jetzt auch J. v. Döllinger, Beiträge zur Sectengesch. des Mittelalters I, 242 ff.

von Deutschland und Polen aus Häresien im Westen Ungarns sich verbreiten, deren Verfolgung mit derjenigen der Waldenser in Böhmen und Polen zusammenfällt; vielleicht hatte das Waldenserthum, worauf allerdings nur eine schwache Spur hinweist, schon um 1260 im Oesterreich-Ungarischen Grenzgebiet Boden gefasst[1]. In den öfter besprochenen beiden Listen Waldensischer Meister aus den letzten Jahrzehnten des 14. Jahrhunderts werden uns aus Ungarn genannt: ein Jacobus in Ofen, ein Schuster Gottfried und ein Schneider Simon, der Letztere aus Galicz (?) in Ungarn, endlich Petrus von Siebenbürgen, der nachmals zum katholischen Priester geweiht wurde. Um 1395 ist die Inquisition, wie Petrus von Pilichdorf triumphirend mittheilt, mit grossem Erfolg gegen die Ungarischen Waldenser thätig gewesen[2]. Gleichwohl finden wir die Inquisitoren Petrus und Martinus noch im Jahre 1401 mit Vollmachten für die Provinz Gran und die Diöcese Raab versehen und gegen Waldenser aus der Umgebung zu Oedenburg in Wirksamkeit. In einem in der Pfarrkirche von Oedenburg erlassenen Inquisitionsurtheil vom 9. Januar 1401, das wir im Anhang mittheilen[3], werden einer grösseren Anzahl von Waldensern, Männern und Frauen, die über sie verhängten kirchlichen Strafen verkündigt; dieselben bestehen in dem Tragen des blauen Busskreuzes und öffentlicher Kirchenbusse. Aber auch die Bestrafung der abgeschiedenen Ketzer hat die Inquisitoren lebhaft beschäftigt; deren Gräber sollen geöffnet und ihre Ueberreste auf dem Scheiterhaufen verbrannt werden. Von besonderer

---

[1] Vgl. oben S. 28 f. Der Passauer Anonymus (Bibl. max. XXV, 264 C; Flacius S. 630; Müller S. 148) berichtet von einem Häresiarchen Heinrich, der in „Thewin" (so Müller nach clm. 2714; al. Cheron, Xeroin) verbrannt wurde; ist dieser Ortsname wirklich der von dem Anonymus niedergeschriebene, so kann nur an die Ungarische Grenzstadt Theben (an der Mündung der March in die Donau) gedacht werden, die 1271 von Otakar von Böhmen zeitweilig in Besitz genommen wurde. Theben heisst 814 „Dowina", 1271 „Tewen" (Oesterley's Wörterbuch S. 682). Es sei hier auf die Hypothese von W. Wilmanns (Beiträge zur Geschichte der älteren Deutschen Literatur. Heft 1. 1885) hingewiesen, wornach die unter dem Namen des Heinrich von Melk gehenden Satiren von einem im 14. Jahrh. in Ungarn lebenden und den Waldensischen Lehren zugethanen Dichter verfasst und später in kirchlichem Sinne überarbeitet worden sind. Ich gestehe, dass mich Wilmanns' Beweisführung nicht hat überzeugen können.

[2] Bibl. max. patr. Lugd. XXV, 281 E.   [3] s. Beilage I.

Leidenschaftlichkeit zeugt der von den Inquisitoren erlassene
Befehl, alle Häuser, in denen die religiösen Zusammenkünfte der
Waldenser stattgefunden hatten, zu zerstören und niemals mehr
aufzubauen. Von den Verurtheilten ist in dem in abgekürzter
Form erhaltenen Urtheil allein die Waldenserin Anna von Güns
(südlich von Oedenburg), Wittwe des gleichfalls irrgläubigen Jacob
Beratunsgott von Güns nahmhaft gemacht; sie hatte der Secte
zwölf Jahre lang angehört, während ein anderer Verurtheilter
sechsundzwanzig Jahre lang sich zu den Waldensern gehalten
hatte.

An diesen spärlichen Angaben müssen wir uns für die Kenntniss
des Ungarischen Waldenserthums genügen lassen. Dasselbe ganz
auszurotten, ist der Inquisition wohl ebensowenig wie in den
angrenzenden Deutschen Landschaften gelungen: vielmehr scheint
die spätere Verbreitung des Husitismus in Ungarn in erster Linie
durch die im Lande bereits vorhandene religiöse Opposition gefördert
worden zu sein. Der von 1432—1440 in Ungarn und Siebenbürgen als Inquisitor thätige Minorit Jacobus de Monte Brandono
(auch Jacobus Picenus, de Marchia oder Jacobus Antonii genannt),
der ungeheure Mengen von Ungarischen Husiten vor sein Gericht
zog — in einem einzigen Jahre soll er deren 55000 bekehrt
haben —, betont, dass die von ihm verfolgten Ketzer seit langem
in Ungarn heimisch und zu bewaffneten Erhebungen, gleich der
Husitischen, bereit gewesen seien; die von ihm aufgeführten
Glaubenssätze der Ungarischen Ketzer sind die der extremen
Taboriten. Gegen die Husiten in Ungarn und den unteren
Donauländern sind dann noch bis zur Mitte des 15. Jahrhunderts
Inquisitoren entsandt worden [1].

Wir kehren im Folgenden zu den Waldensern in
Oesterreich zurück, deren Geschichte wir früher bis zum
vierten Decennium des 14. Jahrhunderts verfolgt hatten. Von
dieser Zeit bis etwa 1360 sind die Geschicke der Secte in Oester-

---

[1] Vgl. „Husitische Propaganda" S. 243; Lea, History of the inquisition
II, 542 ff.; Wadding, Annales minorum X, 194 ff.; 225; 231 ff.; 101 ff.;
268 ff. XI, 3 ff.; 37 ff.; 79 ff. Theiner, Monum. Hungar. eccl. II, 218.
223; 228. J. v. Döllinger, Beiträge zur Sectengesch. des Mittelalters II,
705 f. In Siebenbürgen wirkte 1442 der Dominicaner Bartholomäus Lapatius,
päpstlicher Legat und Bischof von Cortona als Inquisitor (Benkö, Transsil-
vania I, 2, 145; vgl. Steill, Ephemerides Dominicano-sacrae I, 2, 139 ff.).

reich in Dunkel gehüllt; wir wissen nur, dass in den Stammsitzen des Oesterreichischen Waldenserthums, wie z. B. in der Umgebung von Steyer, auch in dieser Periode die Ketzerei von Generation zu Generation sich fortgeerbt hat. Unter Herzog Rudolf IV. (1358—1365), welchen der mit ihm zerfallene Oesterreichische Klerus einen Häretiker nannte und dem Kaiser Friedrich II. an die Seite stellte [1], sind die Waldenser schwerlich behelligt worden. Allem Anschein nach war es der bigotte Albrecht III. (1365 bis 1395), der den Mährischen Inquisitor Heinrich von Olmütz zur Verfolgung der Waldenser nach Oesterreich berief; den uns erhaltenen Inquisitionsurtheilen aus den Jahren 1391 ff. zufolge hat Heinrich etwa um 1365—1380 [2] eine grössere Anzahl von Waldensern aus der Umgebung von Steyer vor sein Gericht gezogen und sie ihre Irrthümer abschwören lassen. Wohl auf diese Verfolgung beziehen sich die Ueberreste eines merkwürdigen Briefwechsels, welcher zwischen Oberösterreichischen Waldensern und einer Gruppe von „Brüdern in Italien", in welcher wir höchstwahrscheinlich die Centralleitung der Lombardisch-Waldensischen Secte zu erblicken haben, um das Jahr 1368 geführt wurde [3]. In dem ersten Briefe beantworten die Lombardischen Meister Johannes, Girardus, Petrus, Simon und Andere ein Schreiben, das ihnen von Seiten der Waldenser aus der Umgebung von

---

[1] Annales Mataccenses, in Mon. Germ. Script. IX, 832 f. (ad a. 1364 ff.). Aehnliche Anklagen gegen den dem Herzog befreundeten Grafen Ulrich von Schaumberg ebenda S. 833.

[2] Die im Jahre 1391 verurtheilte Bäuerin Geisel von Lueg, um 1351 geboren und durch ihre Eltern im Waldensischen Glauben auferzogen, hatte diesen vor dem Inquisitor Heinrich von Olmütz, also schwerlich vor c. 1365 abgeschworen; unter Bischof Johann von Passau (1381—87) scheinen keine Verfolgungen stattgefunden zu haben (vgl. unten S. 81).

[3] Zuerst erwähnt von Karl Müller, Die Waldenser S. 103 (79) aus einer Handschrift des Collegiatstiftes St. Florian und nach einer ihm von Müller überlassenen Abschrift von Comba (Histoire des Vaudois d'Italie S. 243 ff.) theils im Auszug, theils in Uebersetzung mitgetheilt. Aus einer Klosterneuburger Hs. theilte v. Döllinger (Beiträge II, 351 ff.) Stücke dieses Briefwechsels, sowie polemische Ausführungen des von den Waldensern abgefallenen Johannes Lesser in einer von der erstgenannten Handschrift, wie es scheint, beträchtlich abweichenden Fassung mit. Johann Lesser's Tractat stammt aus der Zeit des Pontificates Papst Gregor's XI. (1370—78), vgl. v. Döllinger S. 357 Anm. Von Müller sind genauere Mittheilungen über diese interessanten Actenstücke zu erwarten.

Steyer — die eine der diesen Brief enthaltenden Handschriften
nennt speciell die Waldensergemeinde zu St. Peter in der Au
(östlich von Steyer) — zugegangen war, und in welchem die
Oesterreichischen Waldenser ihren Italienischen Genossen von
ihrer Verfolgung durch die Inquisition und dem Abfall einiger
Meister berichtet hatten. Zu den Letzteren gehörten die Brüder
Siegfried, Petrus, Johannes, der vielleicht mit dem Renegaten
Johannes Lesser identisch ist, und, wie es scheint, Johannes von
Prag; auch ein Heinrich von Krems wird in diesem Zusammen-
hang genannt [1]. Der Uebertritt jener Glieder der Secte zum
Katholicismus wurde für diese um so gefährlicher, als die Ab-
gefallenen sich auch sofort an die Bekehrung der ihrem Bekenntniss
treu gebliebenen Waldenser machten und eine heftige Polemik
gegen die Leiter der Secte eröffneten. In Zurückweisung dieser
Angriffe wurde von den Lombarden die angeblich bis auf den
Papst Sylvester (314—335) zurückreichende Geschichte des
Waldenserthums [2] ihren Oesterreichischen Glaubensgenossen vor
Augen geführt und der Anspruch der Waldensischen Meister
auf Ausübung des apostolischen Berufes ausführlich begründet;
scheine auch der Kreis der wahren Diener Christi durch die gegen
„die Heiligen" angestellten grausamen Verfolgungen erheblich
verringert, so dürften die Gläubigen doch nicht das Vertrauen
aufgeben, dass aus dem abnehmenden Mond der Kirche Christi
wieder ein Vollmond werde. Seitens der abgefallenen Meister
folgten auf diese Auseinandersetzungen leidenschaftliche Repliken,
die vor allem sich gegen die versuchte Herstellung eines Zu-
sammenhangs der Waldensischen Secte mit dem Urchristenthum
richten und die Schwäche der von den Lombarden hierfür vor-
gebrachten Argumente aufdecken.

Unter dem Regiment des Passauer Bischofs Johann von
Scharffenberg (1381—1387) durften die Oesterreichischen Waldenser
für eine kleine Weile sich von den ausgestandenen Verfolgungen
erholen; dem Bischofe hat die gegen seine ketzerischen Diöcesanen
geübte Nachsicht bittere Vorwürfe seiner Gegner zugezogen [3].
Im grossen Style sollte dagegen die Oesterreichische Waldenser-

---

[1] Vgl. Döllinger II, 851 f.
[2] Vgl. darüber Müller a. a. O. S. 107 (83) ff.
[3] Bruschius, De Laureaco et de Patavio (Basil. 1553) S. 235.

verfolgung unter Bischof Georg von Hohenlohe (1388—1423)
wieder eröffnet werden. Martinus von Prag, der, wie wir gesehen
haben, seit etwa 1380 in Baiern und Franken die Waldenserprocesse leitete, wird wohl in der gleichen Zeit mit seinem Collegen
Petrus seine Thätigkeit auch in Oesterreich begonnen haben;
den aus dem Inquisitionsarchive erhaltenen Actenstücken zufolge
hat Petrus seit 1391 Untersuchungen gegen Oesterreichische
Waldenser geführt, der Name des Martinus begegnet uns in
den Acten des Jahres 1401, der des Petrus zuletzt im Jahre 1403.
Von den Acten, welche die Oesterreichische Waldenserverfolgung
dieser Zeit betreffen, und von denen sich noch zur Zeit des Flacius [1]
drei starke Bände im Kloster Garsten erhalten hatten, sind leider
nur spärliche Ueberreste auf uns gekommen; immerhin ermöglichen uns dieselben, ein Bild von dem allgemeinen Gang jener
Inquisition zu gewinnen [2].

Im ganzen Verlauf der Untersuchung scheint die Stadt
Steyer einen hauptsächlichen Mittelpunkt für dieselbe gebildet
zu haben. Hier werden 1391 und 1398 Urtheile gefällt, um
1397 ff. Autodafés in grossem Style abgehalten; der Pfarrer
von Steyer, der Benedictiner Friedrich, ist mehrfach zum Commissar der Inquisitoren bestellt; 1395 hat der Inquisitor Petrus
hier seinen ständigen Wohnsitz, im nahegelegenen Benedictiner-
kloster Garsten hat er seine Grabstätte gefunden [3]. Auch die
in den erhaltenen Inquisitionsurtheilen genannten Waldenser gehören mit einer einzigen Ausnahme Ober- und Niederösterreichischen
Ortschaften aus der näheren Umgebung von Steyer an; es sind
die folgenden: Dammbach und Schwamming bei Garsten, Grieglern bei Weistrach in Niederösterreich (zwischen Steyer und

---

[1] Catalogus testium veritatis (Fft. 1666) S. 852.
[2] Ein Theil der von mir im Folgenden benutzten ungedruckten Actenstücke war bereits Preger (Abhandlungen der Münchener Akad. Hist. Cl.
XIII S. 230) aus clm. 5338 bekannt geworden; mir stand ausserdem clm.
22373, vor allem aber eine reichhaltige Würzburger Handschrift, Cod. m.
ch. f. 51, auf welche ich vor Jahren von Oberbibliothekar Dr. Kerler aufmerksam gemacht wurde, zu Gebote. Während des Druckes dieser
Schrift erschienen Döllinger's Beiträge zur Sectengeschichte, in welchen
ein Theil der Actenstücke aus einer der Münchener Handschriften veröffentlicht wird.
[3] Pritz, Geschichte der ehemaligen Benedictinerklöster Garsten und
Gleink (Linz 1841) S. 32.

Seitenstetten), Wies oder Lueg, beide Bauernhöfe bei St. Michael
am Bruckbach bei Seitenstetten, Rabenbühel bei Seitenstetten,
Derfl bei Wolfern in der Nähe von Steyer (Beilage II Nr.
1), Boig, Bauernhof bei Garsten, Au bei Garsten, Unterwolfern bei Steyer,
Hausleithen bei Sierning westlich von Steyer, Holzapfelberg bei
Weistrach in Niederösterreich (Beilage II Nr. 2). Unter den übergetretenen Waldensermeistern wird ein Weber Hans aus Steyer
aufgeführt. Gleichwohl ist es doch nur ein Zufall, dass die aus
dem umfangreichen Inquisitionsarchive erhaltenen wenigen Acten
jene örtliche Begrenzung aufweisen; sicherlich hat sich die Untersuchung auf das ganze Herzogthum Oesterreich ausgedehnt. So
erwähnt der Inquisitor Petrus selbst, dass einer der 1398 angeklagten Waldenser anderthalb Jahre früher in Enns von ihm
in Untersuchung gezogen war; im Jahre 1403 sitzt er in Wien
zu Gericht, wo bereits geraume Zeit vor dem Jahre 1400 der
nachmals in Strassburg wieder auftauchende Waldensermeister
Salmanssohn aus Solothurn Widerruf geleistet hatte [1]. Von den
in der Liste von 1392 aufgeführten Waldensischen Meistern gehören hierher: Der Schuster Ulrich von Hardeck und der Wollspinner Johann von Dichartz bei Krems, von den übergetretenen
Waldensermeistern die beiden Wiener, Johann und Nicolaus, der
Schmied Hans von Enns und endlich Friedrich von Hardeck;
vielleicht sind auch die beiden als Scholaren bezeichneten übergetretenen Waldensermeister — wir erfahren nur den Namen
des Einen, des Claus von Plauen — mit der Wiener Universität
in Verbindung zu bringen.

Die ersten Untersuchungen des Inquisitors Petrus haben
wohl zum grossen Theil an die Ergebnisse der Inquisition seines
Vorgängers Heinrich von Olmütz angeknüpft. In einem seiner
Urtheile aus dem Jahre 1391 heisst es, dass von den fünf Ver-
urtheilten, die sämtlich durch ihre Eltern der Secte zugeführt
worden, zwei, nämlich die sechzigjährige Wittwe Els Feur aus
Dammbach und die vierzigjährige Wittwe Geisel von Lueg, ihre
Ketzerei einst vor dem Inquisitor Heinrich abgeschworen hätten,

---

[1] Vgl. Röhrich a. a. O. S. 46. Um 1395 ist in Wien auch der bekannte häretische Mystiker Nicolaus von Basel (vgl. meine „Beiträge zur
Gesch. der Secte vom freien Geiste und des Beghardenthums" in der Zeit·
schrift f. Kirchengeschichte VII [1885] S. 511) verbrannt worden.

nachträglich aber rückfällig geworden seien. Ihre Strafe ist unter
diesen Umständen eine sehr harte gewesen: Els Feur hatte für
ihre ganze Lebenszeit das blaue Busskreuz auf der Vorder-
und Rückseite ihrer Kleidung zu tragen und musste an sieben
aufeinander folgenden Sonntagen einen Rundgang um die Kirche
zu Garsten machen, wobei sie von dem ihr folgenden Pfarrer
tüchtig (fortiter) mit Ruthen geschlagen werden sollte; in die
Kirche eingetreten, hatte sie sich alsdann rücklings an die Schwelle
des Gotteshauses zu legen, damit sie von den Ein- und Ausgehenden mit Füssen getreten werden könne, bis ihr der Pfarrer
das Zeichen zum Aufstehen geben würde. Die Wittwe Geisel
sollte das Kreuz zwanzig Jahre lang tragen und einmal beim
Kirchenumgang von dem Pfarrer in der beschriebenen Weise
gezüchtigt werden. Geringere Strafen trafen die Uebrigen:
Dietrich Wagner von Grieglern, seit 32 Jahren Waldenser, wurde
verurtheilt, acht Jahre lang mit dem Busskreuze bezeichnet zu
bleiben und einmal, vom Dorfpfarrer gefolgt und eine Ruthe und
eine brennende Kerze tragend, einen Gang um die Kirche zu
machen. Der zehnjährige Knabe Salman von Schwamming sollte
zwei Jahre, der dreissigjährige Heinrich von Derfl sechs Jahre
lang das Busskreuz tragen, der Letztere überdies innerhalb Jahresfrist eine Wallfahrt nach Rom antreten [1].

Im Laufe der folgenden Jahre scheint die Lage des Inquisitors Petrus sich zu einer sehr schwierigen gestaltet zu haben.
Die von ihm gefüllten scharfen Strafsentenzen wurden von den
Waldensern, zu denen sich offenbar ein sehr beträchtlicher Bruch-
theil der Oesterreichischen Landbevölkerung gehalten hat, keineswegs mit Ergebung hingenommen; es erwachte vielmehr abermals jener Geist trotzigen Widerstandes, der die Inquisitoren
bereits in den Jahren 1260—1266, dann wieder um 1315 und
1330 in Schrecken gesetzt und der sich in den kriegerischen
Scenen im benachbarten Neuhausischen Gebiete so drohend kund-
gegeben hatte. Wohl aus Anlass der Todesurtheile, welche Petrus
über Waldenser der Dorfgemeinde Wolfern bei Steyer gefällt
hatte [2], wurde das Pfarrhaus zu Wolfern im Jahre 1393 in Brand

---

[1] Vgl. Beilage II Nr. 1.
[2] In dem in der Beilage (II Nr. 2) mitgetheilten Inquisitionsurtheile von
1398 geschieht der Auslieferung einer Anzahl verurtheilter Waldenser aus
Unterwolfern an die weltliche Behörde Erwähnung.

gesteckt und der Pfarrer sammt seinem Gesinde verbrannt; sein
Nachfolger entging im folgenden Jahre nur mit genauer Noth
dem gleichen Schicksale. Petrus selbst fühlte sich seines Lebens
nicht mehr sicher, seitdem auch im Pfarrhof zu Steyer, wo er
bei dem Pfarrer Friedrich Wohnung genommen, am 7. September 1395 Feuer angelegt worden war; ein halbverkohlter
Pflock und ein blutbeflecktes Messer, die man eines Tages an
den Thoren von Steyer befestigt fand, sprachen für den Inquisitor
angesichts der Beispiele blutiger Rache, die die Waldenser in
jüngster Zeit an Verräthern geübt, eine nicht misszuverstehende
Sprache [1]. Als überdies mit dem Tode Herzogs Albrecht III.
(† 29. August 1395) Petrus seine mächtigste Stütze verloren
und die über die Erbfolge zwischen den Herzögen Albrecht IV.
und Wilhelm ausgebrochenen Streitigkeiten [2] den Widersachern
der Inquisition weiteren Vorschub zu leisten drohten, hielt Petrus
die Zeit zu einem entscheidenden Schritt für gekommen. In
einem geharnischten Manifeste wendete er sich zu Ende des
Jahres 1395 an den Papst, die Cardinäle, den gesammten Klerus,
die weltliche Obrigkeit und speciell an die Oesterreichischen
Herzöge, um ihnen die Gefahren, welche der Kirche von Seite
des Ketzerthums drohten, eindringlich zu schildern und die Er-
greifung strenger Massregeln zu dessen Unterdrückung zu fordern.
Geschehe dies nicht, so werde die Waldensische Secte, die seit
länger als 150 Jahren in den Oesterreichischen Ländern eingewurzelt und in der jüngsten Zeit durch Mord und Brand zum
offenen Angriff gegen die Diener der Kirche vorgegangen sei,
immer weitere Kreise der Kirche entfremden [3].

---

[1] Manifest des Inquisitors Petrus vom Jahre 1395 nebst Zusätzen, abgedruckt bei Friess S. 262 ff., ohne die Zusätze bei Preger, Abhandlungen der Münch. Akad. Histor. Cl. XIII, 246 ff. Eine von Chmel (Oesterr.
Zeitschr. f. Geschichts- und Staatskunde III [1837] S. 28) benutzte Hs. setzt
die Brandstiftungen in Wolfern, wohl irrthümlich, in die Jahre 1396 und
1397. Ueber die Ermordung von fünf übergetretenen Waldensischen Meistern
seitens ihrer Glaubensgenossen vgl. meine Schrift „Der Codex Teplensis"
S. 35 und Döllinger. Beiträge II, 330. Sollte der hier genannte „Conradus
Waythoff" mit dem gegen 1380 in Strassburg ermordeten Waldenser „Hans
Weidehofer" (Röhrich S. 28 ff.) identisch sein? Der Name (von Waidhofen?) dürfte auf die Oesterreichische Abkunft des Ermordeten hinweisen.
[2] Vgl. Huber, Gesch. Oesterreichs II, 321 f.
[3] S. d. Anm. 1.

Die Mahnung des Inquisitors blieb nicht unbeachtet. Gerade in den nächstfolgenden Jahren hat Petrus die ausgiebigste Unterstützung seitens des weltlichen Armes, wie er sie sich nur wünschen mochte, gefunden. Ein Mandat der Herzöge Wilhelm und Albrecht IV. vom Mai 1397 ordnete die Verfolgung und Festnahme aller der Ketzerei oder des Widerstands gegen die Inquisition Verdächtigen an [1]. Im Jahre 1398 finden wir den Burggrafen von Steyer, Heinrich von Zelckhing, als Cooperator des Inquisitors Petrus und seines Commissars, des Pfarrers Friedrich von Steyer, bestellt, denen in dieser Zeit der Schulrector von Steyer, Stephan Lamp, als Notar zur Seite steht [2]. Auch die grosse Mehrzahl der auf des Inquisitors Petrus Veranlassung verfügten Ketzerverbrennungen wird wohl mit Recht in die Zeit nach 1395 gesetzt. Auf Grundlage der Klosterannalen von Garsten berichtet Prevenhuber's Chronik (S. 72), dass 1397 mehr als tausend Personen unter dem Verdacht der Ketzerei in Steyer eingezogen worden seien; ein Theil sei zur Strafe des Kreuztragens verurtheilt, viele andere dem weltlichen Gerichte zur Bestrafung übergeben worden. Das Urtheil des letzteren lautete zum Theil auf lebenslängliches Gefängniss, zum Theil auf Verbrennung auf dem Scheiterhaufen. Achtzig bis hundert Personen wurden nach Prevenhuber im Fr+xenthal bei Steyer, wo man noch im 18. Jahrhundert den „Ketzerfriedhof" zeigte, verbrannt; nach der Chronik des Veit Arnpeck [3] hätten bereits unter Albrecht III. über hundert Ketzer in Steyer den Scheiterhaufen bestiegen.

Eines der uns erhaltenen Urtheile des Inquisitors Petrus aus dem Jahre 1398 gestattet uns einen erwünschten Einblick in die Verhältnisse, unter welchen die Processe gegen den überzeugungstreuen Theil der Oesterreichischen Waldenser und deren Verurtheilung zum Scheiterhaufen — denn anders kann ihre Ueberweisung an das weltliche Gericht nicht bezeichnet werden — vor sich gingen [4]. Die erste der Angeklagten, die Wittwe Kunegundis von der Au (bei Garsten), hatte im Jahr 1395 die Waldensische Lehre abgeschworen, war aber im Januar 1398 abermals, als

---

[1] Prevenhuber, Annales Styrenses S. 73 und daraus abgedruckt bei Friess S. 271.
[2] Vgl. Beilage II Nr. 2.
[3] Pez, Scriptores rer. Austriacarum I, 1244.
[4] Vgl. Beilage II Nr. 2.

des Rückfalls verdächtig, nach Steyer vorgeladen worden. Von dem Inquisitor eidlich vernommen, hatte die Angeklagte anfangs ausweichend geantwortet, schliesslich aber ein offenes Geständniss abgelegt: sie habe auch nach ihrem Widerruf weder an die Existenz des Fegfeuers, noch an die Wirksamkeit der kirchlichen Ablässe, noch an die Fürbitte der Heiligen geglaubt; sie habe es ferner für eine schwere Sünde gehalten, dass der Inquisitor Petrus sieben Waldenser aus Unterwolfern dem Scheiterhaufen überantwortet habe. Der zweite Angeklagte, Gundel aus Holzapfelberg bei Weistrach in Niederösterreich, hatte schon vor Heinrich von Olmütz Widerruf geleistet und war von Petrus 1397 nach Steyer citirt worden. Nachdem er lange der Vorladung keine Folge gegeben und desshalb excommunicirt worden war, benutzte er die zeitweilige Abwesenheit des Cölestiners, um sich dessen Commissar Friedrich zur Verantwortung zu stellen; er bekannte sich als Waldenser, widerrief deren Lehrsätze und erlangte im Juli 1397 die Absolution. Aber schon am 18. Januar des folgenden Jahres erreichte ihn wieder der Arm des wachsamen Inquisitors. Auf dessen Befehl durch den Burggrafen von Steyer verhaftet, weigerte er sich hartnäckig, die Wahrheit seiner zu machenden Aussagen zu beschwören. Es entspinnt sich ein förmlicher Kampf zwischen dem Inquisitor und dem Angeklagten, welcher die Verantwortung für die Eidesleistung dadurch von sich abzuwälzen sucht, dass er dem Inquisitor, später unter vier Augen dem Burggrafen von Steyer vorschlägt, er wolle schwören, wenn der Inquisitor die Verantwortung dafür auf sein Gewissen nehmen werde. Von dem „Jagdnetz" des Cölestiners von allen Seiten umgarnt, gibt sich der Unglückliche endlich gefangen und bekennt auf seinen Eid, bis zur Stunde jede Eidesleistung für Sünde, die Fürbitte der Heiligen für wirkungslos gehalten zu haben; am Tage vor dem Allerheiligenfeste habe er zwar gefastet, aber nicht zur Ehre der Heiligen, sondern zur Ehre Gottes. Ueberdies habe er das Busskreuz vorzeitig abgelegt. Weit grösserer Entschlossenheit begegnet der Inquisitor bei der dritten Angeklagten, der Bäuerin Diemuth von Hausleithen. Allen Aufforderungen zur Eidesleistung, auch den gütlichen Vorstellungen und Bitten des Inquisitors setzt sie unbeugsamen Widerstand entgegen, weil sie jeden Eid für sündhaft hält; dass sie öfters Waldensischen Meistern gebeichtet, gibt sie ohne Weiteres zu. Die vierte An-

geklagte ist die nämliche Wittwe Els Feur, deren barbarische
Strafe uns aus dem Urtheil von 1391 bekannt geworden ist. Es
kann nicht verwundern, dass die entehrende Kirchenbusse, welche
ihr damals der Inquisitor auferlegt, die Greisin in der Zwischen-
zeit der Kirche nicht näher gebracht hatte. Dem Pfarrer von
Garsten, der sie um 1398 eidlich verpflichten sollte, dem Katholicismus treu zu bleiben, erklärte sie rund heraus, dass sie der
gethane Widerruf gereue; ihren Unglauben bezüglich der Fürbitte der Heiligen stellte sie so wenig in Abrede, dass sie an
den Pfarrer die verfängliche Frage richtete, ob denn der Knecht
mächtiger sei, als der Herr. Das Urtheil lautete für alle vier
Angeklagten auf Auslieferung an das weltliche Gericht, das wohl
in sämmtlichen Fällen auf Verbrennung auf dem Scheiterhaufen
erkannt haben wird.

Einen weniger tragischen Ausgang hat die gleichfalls in das
Jahr 1398 fallende Verhandlung gegen den Bauern Jans von
Boig bei Garsten genommen. Derselbe hatte bereits 1397 in
Enns vor Gericht gestanden, wo er auf seinen Eid jeden Zusammenhang mit der Waldensischen Secte ableugnete; abermals
in Untersuchung gezogen, liess er sich nach längerem Sträuben
zu dem Geständniss herbei, er sei doch Waldenser gewesen und
habe einem ihrer Meister gebeichtet. Die dem angeblich reumüthigen Ketzer auferlegte Strafe bestand darin, dass er an
sieben aufeinander folgenden Sonn- und Feiertagen als Büssender
an den Pranger gestellt wurde, und zwar zur Erinnerung an
seinen Meineid mit einer Mütze auf dem Kopfe, auf welcher
der Teufel, der einem Bauern die Zunge aus dem Munde zieht,
abgebildet sein sollte [1].

Die übrigen aus dem Archive der Oesterreichischen Inquisition in der von mir benutzten Würzburger Handschrift erhaltenen

---

[1] Das Urtheil ist von mir nach der öfter citirten Würzburger Hs. unter
Vergleichung der im Anhang genannten beiden Münchener Handschriften
benutzt, unterdessen von J. v. Döllinger (Beiträge II, 346 f.), nach „cod.
Chiem. Ep. 38" gedruckt worden. Der Druck bedarf einigermassen der
Verbesserung; S. 347 oben muss es heissen: Valvensis diocesis (statt:
Aquilensis diocesis); ebenda, Mitte: recepisti - - - adimplesti; item interro-
gatus recognovisti, quod ante alterum dimidium annum; ebenda, unten:
participacione (statt participio); S. 348 oben: absolvimus (statt: absolutus)
in his scriptis; ebenda, unten: Heinrico de Zelkingen (statt Jelkingen).

Actenstücke sind nur in abgekürzter Form, ohne Angabe der Angeklagten und des Datums, mitgetheilt. Das eine betrifft die Verurtheilung eines Waldensers zu lebenslänglichem Gefängniss [1], ein anderes den Nachlass der gleichen Strafe unter der Bedingung, dass der Begnadigte drei Jahre lang, mit dem blauen Kreuze bezeichnet, Kirchenbusse thue; eine dritte Formel gestattet einem Reumüthigen, das Busskreuz vorzeitig abzulegen.

Von besonderem Interesse sind drei gleichfalls nur formelhaft mitgetheilte Sentenzen, die ein eigenthümliches Licht auf die Stellung der Oesterreichischen Geistlichkeit gegenüber der Waldensischen Secte und dem Inquisitionsgerichte werfen [2]. Ein nicht näher bezeichneter Pfarrer der Passauer Diöcese, der von Jugend auf sich zu den Waldensischen Lehren bekannt hatte, war schon von einem früheren Inquisitor, wahrscheinlich von Heinrich von Olmütz, in Verhör genommen und nach Abschwörung der Waldensischen Lehrsätze absolvirt worden. Auch der Cölestiner aber hatte wieder Veranlassung, seine Rechtgläubigkeit in Zweifel zu ziehen; er liess den Pfarrer abermals seine Irrthümer abschwören und verordnete ihm eine im Stillen zu verbüssende Kirchenstrafe. Ein zweiter Pfarrer hatte der Vorladung des Inquisitors — sei es in eigener, sei es in fremder Sache — nicht Folge geleistet und war in Folge dessen excommunicirt worden; nachdem er sich dem Verhör des Inquisitors gestellt, hebt dieser die ausgesprochene Excommunication wieder auf. Auch ein nicht genannter Passauer Canonicus endlich ist mit dem Inquisitionsgerichte in ernsten Conflict gerathen und von Petrus wegen Widerspenstigkeit und anderer nicht näher bezeichneter Reate mit der Excommunication belegt worden. Es bedurfte des Dazwischentretens des Passauer Bischofs und seines dazu bevollmächtigten Commissars, um den Canonicus von dem Kirchenbanne zu befreien; in der uns erhaltenen Formel bringt der bischöfliche Commissar die Lösung des Bannes zur Kenntniss des Inquisitors und des Klerus der Passauer Diöcese mit der Weisung, dieselbe allgemein bekannt zu geben.

---

[1] Während des Druckes dieser Schrift veröffentlicht in J. v. Döllinger's Beiträgen II, 346. aus „cod. Chiem. ep. 38".

[2] Abgedruckt in meiner Schrift „Der Waldensische Ursprung des Codex Teplensis" S. 34 f.

Auf die Verbreitung der Waldensischen Secte in Steiermark zu Ende des 14. Jahrhunderts weist das Erscheinen von
drei Steiermärkern in der Liste der übergetretenen Waldensermeister hin. Ueber das gleichzeitige Einschreiten der Inquisition
gegen die Steiermärkischen Waldenser werden wir durch eine
von den Inquisitoren Petrus und Martinus am 27. Februar 1401
erlassene Sentenz unterrichtet [1]. Der Ort der Verhandlung ist
Hartberg im nordöstlichen Steiermark, nahe der Ungarischen
Grenze; wenige Wochen später haben die Inquisitoren, worüber
wir früher berichteten, in Oedenburg über Ungarische Waldenser
aus dem nahe der Steiermärkischen Grenze gelegenen Städtchen
Günz zu Gericht gesessen. Auch in Steiermark war die Secte
seit langer Zeit heimisch; die eine der 1401 Verurtheilten gehörte ihr seit fünfzig Jahren an, und auch ihre Mutter war schon
Waldenserin gewesen [2]. Die ausserordentliche Strenge, mit welcher
die Inquisitoren in Hartberg auftreten, lässt vermuthen, dass der
Inquisition von 1401 bereits mehrere andere Verfolgungen vorausgegangen waren, und dass es damals galt, an den Rückfälligen
abschreckende Beispiele zu statuiren.

Die sämmtlichen drei verurtheilten Waldenserinnen hatten
im Januar des Jahres 1401 die Waldensischen Artikel abgeschworen, waren aber schon nach wenigen Tagen wieder als des
Rückfalls und Meineids verdächtig eingezogen worden. Gegen
die fünfzigjährige Wittwe Wendel Richter von Unterrohr bei
Hartberg wurde diese Anklage damit begründet, dass sie bei
ihrer ersten Vernehmung die Zugehörigkeit ihrer vier Kinder
zur Secte in Abrede gestellt und dieselben angeblich zum Leugnen
angestiftet hatte; des gleichen Vergehens wurde die Schwester
der Vorgenannten, Els Porsteyner von Unterrohr, überführt, die
überdies ihren Sohn zu falschen eidlichen Aussagen bezüglich
seiner Zugehörigkeit zur Secte angehalten haben sollte. Die
dritte Verurtheilte, Peters Reat von Stangendorf (Stangersdorf
in der Pfarrei Lang südlich von Graz?) [3], hatte bei ihrer Ver-

---

[1] Beilage II Nr. 3.
[2] Nach dem Vermächtniss ihrer ketzerischen Mutter hatte die Waldenserin Wendel Richter der Secte die Summe von sechs Solidi zugewendet.
[3] Zur Zeit ihrer Processirung hat die Angeklagte offenbar ihren Wohnsitz
in der Nähe von Hartberg gehabt; dem nach Hartberg citirten Dietlin Lehner
räth sie im Kirchhofe zu Grafendorf (nordöstlich von Hartberg) ab, sich

nehmung und Abschwörung einen falschen Vornamen angegeben und eine Glaubensgenossin ebenfalls dazu verleitet; ferner wollte sie anfänglich seit zehn Jahren keinem Waldensischen Meister mehr gebeichtet haben, während sie später, durch das unvorsichtige Geständniss ihres Mannes dazu gedrängt, zugeben musste, dass sie noch im Sommer 1400 einem Meister ihre Beicht abgelegt habe. Einen vor den Inquisitor citirten Waldenser aus der Umgebung von Hartberg hatte sie verleitet, der Vorladung nicht Folge zu leisten und kein Geständniss zu machen. Endlich sollte sie nach ihrer Abschwörung und nach Anhörung einer Predigt der Inquisitoren die Aeusserung gethan haben, dass erst diese Predigt sie wirklich bekehrt habe; daraus zieht die grausame Logik der Inquisitoren den Schluss, dass ihre Abschwörung eine trügerische gewesen sei! Obwohl offenbar keine der Angeklagten der, wenn auch nur äusserlichen, Aussöhnung mit der Kirche widerstrebte, wurden sie doch durch das Urtheil der Inquisitoren als rückfällige Ketzerinnen dem weltlichen Arm zur Bestrafung ausgeliefert.

Ueber die Wirksamkeit des Inquisitors Petrus in Wien ist uns ein interessantes Zeugniss in dem über einen gewissen Andreas Hesel von Wien im Jahre 1403 gefällten Urtheil erhalten [1]. Dasselbe macht uns mit einer langen Reihe von ketzerischen Meinungen der genannten Persönlichkeit bekannt, welche ein sonderbares Gemisch von unverkennbar Waldensischen Lehren mit oppositionellen Sätzen von ganz anderer Richtung darstellen. Hesel hatte die Reliquien- und Heiligenverehrung, die kirchlichen Weihen, die Ablässe, die klösterlichen Gelübde, die Fürbitten für die Verstorbenen und den päpstlichen Primat angefochten; daneben entwickelt er aber auch eigenthümliche Anschauungen über die Trinität und über die Person und das Leiden Christi, leugnet den Sündenfall Adam's und dessen Vertreibung aus dem Paradies, bestreitet die Wirksamkeit der kirchlichen Taufe, die Verwandlung

---

zu stellen, und wiederholt dies im Hause seines Schwiegervaters Leopold am Erlach (Name zweier Höfe bei Pöllau und bei Stubenberg, wenig westlich von Hartberg).

[1] Von mir benutzt nach Ms. chart. misc. fol. 51 der Würzburger Univ.-Bibliothek; während der Drucklegung erschienen Döllinger's Beiträge zur Sectengeschichte des Mittelalters, in welchen (II, 343) das Urtheil in abgekürzter Form, „aus cod. Bavar. Monac. 329", mitgetheilt wird.

— 92 —

im Altarsakrament und den Nutzen der Beicht. Diese Lehren hatte Hesel in Gemeinschaft mit gleichgesinnten Genossen in Wien öffentlich und, wie es scheint, in derb cynischen Wendungen vorgetragen; selbstbewusst genug, erklärte er sich zu einem Redeturnier mit dem Papste bereit. Dem Inquisitor Petrus gegenüber hat allerdings sein zuversichtliches Auftreten nicht Stand gehalten; am 4. März 1403 schwor Hesel im Friedhofe der Stephanskirche seine Ketzereien ab und erhielt als Strafe das Tragen des blauen Kreuzes auf Jahresfrist. sowie öffentliche Kirchenbusse auferlegt[1]. Sonderliche Bedeutung wird den Ketzereien Hesel's, in dem wir offenbar einen Mann aus den unteren Schichten des Volkes vor uns haben. nicht beizulegen sein: er mag ursprünglich sich zum Waldenserthum bekannt, mit dessen Lehrsystem aber auch anderwärts aufgefasste radicale Sätze von kirchenfeindlicher Tendenz verquickt haben. Immerhin ist Hesel's Auftreten als ein Symptom der zu Anfang des 15. Jahrhunderts in der Bevölkerung der Oesterreichischen Hauptstadt vorhandenen Gährung nicht ohne Interesse.

Inwieweit die Oesterreichische Ketzerverfolgung während der nächstfolgenden Zeit, in der Oesterreich durch Bürgerkriege aufs tiefste zerrüttet wurde, von Erfolg begleitet war, entzieht sich unserer Kenntniss. Nur zum Jahr 1411 berichtet eine Wiener Chronik, dass damals in Wien ein Ketzer, Hans der Griezzer, verbrannt wurde „umb etleich Artikel, di wider Christum Glawben waren, und wolt die nit abtreten, alß ainer was umb das Opfer"[2].

---

[1] Der bei J. v. Döllinger fehlende Schluss des Urtheils lautet in der Würzburger Hs.: lecta et lata et in scriptis promulgata est hec sentencia anno domini 1403 indiccione XI die quarta mensis Marcii, que erat dies dominicus, quo in ecclesia dei canitur Invocavit etc, in cimiterio ecclesie sancti Stephani in Wienna Pataviensis diocesis, hora terciarum vel quasi, presentibus ibidem honorabilibus et discretis viris et dominis Petro de Schulderiwein plebano in Steinestorff, Ulrico de Gretz et Henrico dicto Albus predicatoribus apud dictam ecclesiam sancti Stephani et quam pluribus fide dignis aliis testibus clericis et laicis ac maxima multitudine hominum plebis dicte parochie ibi ad audiendum verbum dei congregata.

[2] Anonymi Viennensis breve chronicon Austriacum, in Pez. Scriptor. rer. Austr. II, 549. Auf diesen Ketzer bezieht sich ein öfters in .Handschriften, u. A. in Hs. 313, 315 u. 646 der Breslauer Univ.-Bibliothek (Pertz's Archiv XI, 701 f.) begegnender Tractat „de oblatione, narrans historiam de quodam haeretico Wiennae tempore Nicolai de Dinkelspuel combusto".

Der Inquisitor Petrus blieb bis zu seinem Tode auf seinem Posten; im Kloster Garsten wurde er begraben [1]. Stephan Lamp, der ehemalige Notar der Inquisition und späterer Pfarrer von Gutau in Niederösterreich, ist wahrscheinlich sein unmittelbarer Nachfolger gewesen; in einer Urkunde des Jahres 1419 wird er als Inquisitor für das Bisthum Passau bezeichnet [2]. Im gleichen Jahre geschieht in einer Sitzung der theologischen Facultät zu Wien des Gerüchtes Erwähnung, dass die Waldenser, Husiten und Juden in Oesterreich ein Bündniss abgeschlossen hätten; die Berichterstattung an Herzog Albrecht V. wurde bis zur Zurückkunft einiger abwesenden Facultätsmitglieder ausgesetzt [3]. Auch in Böhmen hat man damals die Befürchtung des Zusammengehens der Waldenser mit den Husiten ausgesprochen [4], während uns eine gleichzeitige Oesterreichische Quelle berichtet, unter dem Einfluss der Husitischen Wirren sei der Anhang der Waldenser bedrohlich angewachsen und mit den Waffen in der Hand den Katholiken entgegengetreten [5]. Im Zusammenhalt damit, dass gleichzeitig auch in Franken Verhandlungen über den Anschluss der Waldenser an den Husitismus schwebten, möchten wir es für keineswegs unwahrscheinlich halten, dass in der That schon damals enge Beziehungen zwischen den im südlichen Böhmen besonders stark vertretenen und zum guten Theil aus dem Waldenserthum hervorgegangenen Taboriten und den Oesterreichischen Waldensern bestanden haben. Diesen wird wohl auch zum Theil

---

[1] Pritz, Geschichte der ehemaligen Benedictinerklöster Garsten und Gleink (Linz. 1841), S. 32.

[2] Friess, Gesch. des Benedictinerstiftes Garsten in den Wissenschaftl. Studien und Mittheilungen aus dem Benedictinerorden II, 2 (1881) S. 251.

[3] Kink, Geschichte der Wiener Universität I, 2, 45.

[4] Articuli contra M. J. Hus per Michaelem de Causis praesentati Joanni papae XXIII, in Palacky's Documenta mag. Joannis Hus vitam illustrantia S. 198: (Hus) habet pro se etiam generaliter omnes quasi haereticos, quia ipsorum pavit errores, scil. Leonistas, Runcarios et Waldenses, qui omnes non curant censuram ecclesiasticam - - - et propterea de facili crevit et multo amplius crescere poterit, nisi sibi cum effectu et viriliter resistatur.

[5] Thomae Ebendorferi de Haselbach Chronicon Austriacum in Pez. Scriptor. rer. Austriacar. II, 846 (ad a. 1417): ibi quoque sumpta occasione Waldenses, qui usque latuerunt, suas cervices erexerunt, primum latenter suos inducentes errores, postea vero armata manu defensare et alios ad eosdem nisi sunt compellere.

die Verfolgung der „Husiten" iu Oesterreich seitens des Minoriten
Jacobus von Monte Brandono [1] seit 1436 gegolten haben; wie
früher zeitweilig die Wiener Universität, so hat zur Zeit des
Basler Concils die Stadt Wien bei den kirchlich Gesinnten im
Rufe der Ketzerfreundschaft gestanden [2]. Um 1430 finden wir
den bekannten Schwäbischen Waldenserapostel Friedrich Reiser
in Verbindung mit den Oesterreichischen Waldensern; von Wien
aus kommt er nach Tabor und Prag, wo er eine ganz Deutschland umspannende erfolgreiche Waldensisch-Taboritische Propaganda ins Werk setzte [3]. Einer seiner Genossen war Stephan,
der Bischof der Oesterreichischen Waldenser, der um 1460 ver-
traute Beziehungen sowohl mit Rokycana, als mit den Böhmischen
Brüdern unterhalten hat; als Sitz der Oesterreichischen Waldenser
in dieser Zeit wird von den Böhmischen Quellen das an Mähren
angrenzende Gebiet Oesterreichs, vermuthlich die Gegend um
Hardeck und Drosendorf, wo die Secte seit dem 13. Jahrhundert
eingewurzelt war, bezeichnet. Während der zwischen den Oesterreichischen Waldensern und den Böhmischen Brüdern schwebenden
Unionsverhandlungen brach eine neue Verfolgung gegen die
Oesterreichischen Waldenser los, deren Opfer auch der Bischof
Stephan wurde: er wurde um 1467 in Wien verbrannt. Ein
Theil der verfolgten Oesterreichischen Waldenser soll sich durch

---

[1] Vgl. Wadding, Annales minorum X, 268 ff.
[2] Vgl. Copeybuch der gemainen Stat Wien, in Fontes rerum Austriacarum, Abth. II, Band 7 S. 32 (Verantwortung des Bürgermeisters und des
Rathes der Stadt Wien auf die Klagen der Universität vom Jahr 1454):
als maister Thomas (Ebendorfer) geredt hat, wie die phaffen in Behem
gegen im geredt haben: wern die doctores und maister hie nicht gewesen,
sie hieten langst ir prediger hie gehabt und ir glauben wer nu langst gar
gen Rom gelangt. Ueber Husitische Regungen an der Wiener Universität
vgl. „Husitische Propaganda" S. 244 f.
[3] W. Böhm, Friedr. Reiser's Reformation des K. Sigmund S. 82.
Angeblich, um seinen Freund, den Nürnbergischen Waldenser Johann von
Plauen, zu suchen, ging Reiser über Linz nach Wien, überall mit den Bekannten Johann's (wohl den „Kunden") in Verbindung tretend; bei dieser
Gelegenheit will er „umb Wien" von Husiten gefangen und nach Tabor
gebracht worden sein (Jung, Friedrich Reiser im „Timotheus" 1822 S. 162).
Ich halte es für wahrscheinlicher, dass Reiser freiwillig nach Tabor gekommen ist und mit jener Erzählung dem Strassburger Inquisitor die am
wenigsten gravirende Erklärung seines Aufenthaltes in Böhmen zu geben
gedachte.

die Flucht nach Böhmen und der Mark Brandenburg gerettet
haben [1].

Auch Steyer, das in allen Oesterreichischen Waldenserverfolgungen von 1260 bis 1390 ff. eine so bedeutsame Rolle
spielte, finden wir um die Mitte des 15. Jahrhunderts nochmals
in Verbindung mit einem Ketzerprocess genannt. Im Jahre 1445
hatte sich Johannes Trinhuber aus Steyer vor der Inquisition in
Wien zu verantworten [2]. Die ihm von dem Wiener Theologen
Thomas Ebendorfer von Haselbach beigemessenen Angriffe gegen
die kirchliche Lehre reichen allerdings nicht aus, um seine von
der Inquisition angenommene Zugehörigkeit zur Waldensischen
Secte überzeugend nachzuweisen; um so schwerwiegender ist
die ihm von seinen Anklägern vorgerückte eigene unbedachte
Angabe des Angeklagten, dass er zu den Steyerer Ketzern ge-
höre, dass er sich nur durch die Flucht nach Wien der Verbrennung
entzogen habe, dass sein väterliches Haus eine Ketzerherberge
gewesen [3]. Trinhuber, den wir demnach mit grösster Wahrscheinlichkeit dem Steyerischen Waldenserkreise zuzurechnen
haben, entging auch in Wien dem Feuertode, indem er sich zu
öffentlichem Widerrufe der ihm zur Last gelegten Irrthümer
verstand.

Gegen Oesterreichische „Husiten" ist dann auch noch im
letzten Drittel des 15. Jahrhunderts eingeschritten worden; 1479

---

[1] Goll I, 30 ff.; 35; 100; 118; 120; 131; 136. Camerarius, Narratio de
fratrum orthodoxorum ecclesiis S. 104 f., 116. „Husitische Propaganda" S. 290.

[2] Vgl. J. v. Döllinger, Beiträge zur Sectengeschichte des Mittelalters
II, 632 ff. Wenn Trinhuber als früher von ihm festgehaltene Glaubenssätze
angibt, die Welt sei zeitlich ohne Anfang und Ende, Christus sei am
Donnerstag gekreuzigt worden, Adam habe für Christus gelitten, alle
Galiläer seien Heilige u. dgl., so ist darauf wohl um so weniger zu geben,
als der Angeklagte jene Geständnisse zum Theil wieder zurücknahm; die
Folter oder die Kreuzverhöre des Inquisitors mögen den ungebildeten Mann
zum Eingeständniss dieser absonderlichen Ketzereien genöthigt haben. Thatsächlich wird wohl sein, dass er die katholischen Priester als Lügner bezeichnet und über den kirchlichen Cultus sich verächtlich ausgesprochen
hatte. Im ersten Stadium seines Processes zeigte er Standhaftigkeit und
erklärte, bei seinem Glauben bleiben zu wollen.

[3] a. a. O. S. 634: fassus est pluries dixisse, quod sit natione de Stira
haereticus et. si non aufugisset de Stira, dudum fuisset combustus et cre-
matus, et quod in domo paterna fuerit fovea hereticorum: dixit tamen hoc
se dixisse ex levitate.

wurde der Inquisitor Thomas Cognati mit der Verfolgung der
Husiten und Nicolinisten — unter den Letzteren sind entweder
Anhänger der von Nicolaus von Wlasenic gestifteten Böhmischen
Secte oder die anderwärts als „Adamiten" bezeichneten extremen
Husiten verstanden — in Oesterreich betraut[1]. Als seine Nachfolger finden wir im Jahre 1486 den Dominicaner und Wiener
Universitätsprofessor Chrysostomus[2], gleichzeitig und bis zum
Beginn des 16. Jahrhunderts in der Salzburger Provinz die Dominicaner Jacobus Sprenger und Heinrich Institoris; neben ihnen
werden 1492 der Dominicaner Alexius Pythzel, 1494 der Dominicaner Friedrich Gundelfinger als Inquisitoren in der Salzburger Kirchenprovinz genannt[3]. Die Thätigkeit der Letztgenannten ist wohl überwiegend der Processirung der Hexen
und Zauberer, deren Massenverfolgung mit dem Jahre 1484 beginnt, zugewandt gewesen; beiläufig kommt Institoris, der energische Verfolger der nunmehr ziemlich allgemein als „Waldenser"
bezeichneten Böhmischen Brüder, in seiner Polemik gegen die
Ketzer seiner Zeit auch auf die Deutschen Waldenser und deren
Bischof Friedrich Reiser zu sprechen[4]. Angesichts der Thatsache,

---

[1] Lea, History of the inquisition II, 416 nach Ripoll, Bullar. predi-
cator. III, 577. Ueber die bis ins 17. Jahrh. nachweisbare Secte der Nicolaiten vgl. Palacky, Geschichte von Böhmen IV, 1, 463 und Gindely,
Geschichte der Böhmischen Brüder I, 17. Ueber die Adamiten vgl. Palacky
III, 2, 239.   [2] Kink I, 2, 25.

[3] Sprenger wird schon um 1470 als Inquisitor genannt bei Steill,
Ephemerides Dominicano-sacrae II, 495, Pythzel ebenda II, 661; über
Sprenger's und Institoris' gemeinsame Thätigkeit gegen die Hexen seit etwa
1480 vgl. Soldan-Heppe, Gesch. der Hexenprocesse I[2], 267 ff. Im Bisthum Regensburg wurde 1491 u. 1493 der Augustiner Wolfgang Haimstöckl
mit der Verfolgung der Hexen beauftragt und 1497 von Institoris als dessen
Vicar bestellt, als welcher er 1499 den Pfarrer von Abensberg zum Vorgehen gegen die angeblich dort vorhandenen Hexen auffordert (Mon. Boica
XVI, 241—250). Im Jahre 1494 wurde Institoris von Salzburg, wo er als
Prediger und Inquisitor zur grossen Zufriedenheit des Erzbischofs Friedrich V.
gewirkt hatte, durch den Ordensgeneral abberufen und in beiden Functionen
durch den Dominicaner und Baccalar Friedrich Gundelfinger ersetzt; der
Erzbischof betrachtete dies als einen Eingriff in seine Machtsphäre und
richtete im selben Jahre einen Beschwerdebrief an den Ordensgeneral (Codex
Ff. 23ᵃ des Archivs des Stiftes Admont, Formelbuch von Chiemsee aus der
2. Hälfte des 15. und dem Anfang des 16. Jahrhunderts fol. 103ᵃ ᵇ).

[4] Tractatus varii contra errores exortos adversus euchuristiae sacra-
mentum (Nürnberg. 1495) II, Sermo 2.

dass seit der Mitte des 15. Jahrhunderts in der Schweiz, in Frankreich und in den Niederlanden der Name „Waldenser" (Vaudois) ausschliesslich für die der Hexerei und der Zauberei Angeklagten gebraucht wird, während er als eigentlicher Sectenname hier, wie in anderen Theilen Deutschlands in Zukunft fast vollständig verschwindet, scheint die Folgerung nahezu unabweisbar, dass wir in den Hexenprocessen der vorreformatorischen Zeit zum guten Theile eine neue, durch die sehr ausgedehnte Benutzung der Folter modificirte Art der früheren Ketzerprocesse vor uns haben [1]. Zu den ungeheuerlichen Anklagen aus der Zeit Conrad's von Marburg und aus dem Anfang des 14. Jahrhunderts zurückkehrend, hat man fortan wohl auch in Südostdeutschland [2] den noch übrig gebliebenen Anhängern des Waldenserthums, wie es gleichzeitig in ähnlicher Weise mit der Böhmischen Brüderunität in Böhmen und Mähren geschah, als Teufelsgenossen, Hexen und Zauberern das Urtheil gesprochen.

Wie wenig freilich die Inquisition mit solchen Mitteln den Geist der Empörung gegen das kirchliche Regiment zu bezwingen vermochte, zeigt der leichte und allgemeine Sieg, welchen die Lutherische Reformation gerade in den Oesterreichischen Herzogthümern errungen hat. Wir erinnern nur daran, dass schon 1525 die Mehrheit des Oberösterreichischen Landtages sich für die reformatorischen Bestrebungen erklärte, und dass bei deren Durchsetzung die Bevölkerung von Steyer und seiner nächsten

---

[1] Vgl. die Erörterungen in Abschnitt I, Anhang 2 S. 40 ff. In ein regelrechtes System sind die gegen die Niederländischen „Waldenser" erhobenen Anklagen auf Zauberei und Teufeldienst durch den Professor der Theologie Johann Tinctoris von Tournay († 1469) gebracht worden; seinen Tractat „contra sectam Vaudensium", der meines Wissens auch zu Ende des 15. Jahrhunderts gedruckt wurde, konnte ich in einer späteren Abschrift, die Schmincke's Materialiensammlung für die Biographie Conrad's von Marburg (Manuscript der Landes-Bibliothek zu Kassel) enthält, benutzen. Vgl. die zahlreichen Documente zur Geschichte der „Waldenser" von Arras (1459—1461) bei Fredericq, Corpus documentor. inquisitionis Neerlandicae I, 345 ff.

[2] Zum Jahre 1468 berichten die Melker Annalen (Mon. Germ. Script. IX, 521): Conversus quidam Bohemus erroris articulos confingens eosque approbans, stans nudis plantis in prunis aviculas eminus volitantes ad se venire coegit et alia faciendo insueta, ob hoc episcopi in partibus Bavarie et Suevie adunati eum examinando incinerant.

Umgebung wieder in erster Linie betheiligt war [1]. Und zu Ende
des 16. Jahrhunderts sind dieselben Oberösterreichischen Bezirke,
welche im 13. und 14. Jahrhundert die Aufstände der verfolgten
Waldensischen Bauern gesehen hatten, abermals der Schauplatz
jener erbitterten Kämpfe geworden, in welchen die protestantische
Landbevölkerung gegenüber den Gewaltmassregeln der Gegen-
reformation für ihren Glauben eingestanden ist [2].

Unsere Untersuchung hat gezeigt, dass in den Nachbarländern
Böhmens, in Oesterreich, Baiern, Franken, Thüringen und Sachsen,
Schlesien, Polen und Ungarn das Waldenserthum im Laufe des
14. Jahrhunderts Eingang gefunden hatte, dass es in einzelnen
dieser Länder seit dem 13. Jahrhundert eingewurzelt war und
unmittelbar vor dem Ausbruche der Husitischen Wirren in einer
für die Kirche sehr bedrohlichen Weise um sich gegriffen hatte.
Wir haben ferner gesehen, dass auch in Böhmen und Mähren
sich die Spuren der Waldensischen Propaganda deutlich bis in
den Anfang des 14. Jahrhunderts zurückverfolgen lassen, und
dass die mannigfachen Nachrichten der späteren Zeit über Ketzerverfolgungen im südwestlichen Böhmen aller Wahrscheinlichkeit
nach fast insgesammt die Waldensische Secte betreffen. Im Beginn
des 14. Jahrhunderts fanden wir Böhmen und Mähren als einen
hauptsächlichen Herd der Waldensischen Bewegung genannt, und
am Ausgange des 14. Jahrhunderts wird abermals über das Umsichgreifen der Waldensischen Ketzerei in Mähren Klage geführt;
unmittelbar vor dem Ausbruch der Husitischen Wirren sehen
wir die Inquisition in Böhmen gegen die dortigen Waldenser
einschreiten und von Böhmen aus die allgemeine Verfolgung
der Waldensersecte im östlichen Deutschland und in Ungarn
einleiten.

Diese Thatsachen machen es unseres Erachtens unmöglich,

---

[1] Vgl. Czerny, Der erste Bauernaufstand in Oberösterreich 1525
(Linz 1882) S. 51 ff.; 55 ff.; 138. Auch das Täuferthum hatte in Steyer
schon um 1527 starken Anhang. Ebenda S. 57.
[2] Vgl. Czerny, Der zweite Bauernaufstand in Oberösterreich 1595
bis 1597 (Linz 1890). Noch damals war Steyer eine Hochburg des Prote-
stantismus, neben welchem u. a. Sierning und Grieskirchen bei Wels besonders hervortreten, vgl. Czerny S. 4 ff.; 7 ff.; 223 ff.

das Waldenserthum bei der Erklärung des beispiellosen Erfolges des Husitischen Reformversuches ausser Betracht zu lassen. Nach den Ergebnissen der werthvollen Untersuchungen Loserth's [1] haben wir gewiss allen Grund, den Einfluss der Wiclifischen Doctrinen auf Böhmen seit dem Anfang des 15. Jahrhunderts als einen überaus tiefgreifenden zu betrachten; die neu herausgegebenen Schriften Wiclif's haben den Anschluss nicht nur der Utraquisten, sondern auch der Taboritischen Theologen an den Englischen Reformator um vieles deutlicher, als dies bisher möglich war, erkennen lassen. Hand in Hand damit geht aber auch die Erkenntniss, dass die Uebereinstimmung Wiclif's mit dem Reformprogramm des Waldenserthums eine weit engere ist, als man bisher vermuthen konnte; auch solche Sätze, die man früher als ausschliesslich Waldensische anzusehen hatte, wie namentlich das absolute Verbot des Tödtens [2] und Kriegführens [3], die Bekämpfung der kirchlichen Lehre vom Fegfeuer [4], die Verwerfung der Universitätsstudien und der akademischen Grade [5], finden wir auch in Wiclif's Schriften, wenn auch zum Theil nicht mit der gleichen Bestimmtheit, wie von den Waldensern, vorgetragen. Dazu kommt, dass die Englischen Lollarden gerade in solchen Punkten, in denen auch das Waldenserthum von der katholischen Kirche abweicht, über ihren Meister noch hinausgegangen, und dass

[1] Vgl. Loserth, Hus und Wiclif (1884). Derselbe, Der Kirchen- und Klostersturm der Husiten und sein Ursprung, in der Zeitschrift f. Gesch. u. Politik 1888, Heft 4. Derselbe, Wiclif's Buch „Von der Kirche" und die Nachbildungen desselben in Böhmen, in den Mittheilungen für Gesch. der Deutschen in Böhmen XXIV, S. 381 ff., sowie desselben Gelehrten Besprechung der Abhandlung Preger's über das Verhältniss der Taboriten zu den Waldesiern, in den Göttingischen gelehrten Anzeigen, 1889 Nr. 12.

[2] Vgl. Loserth in den Gött. Anzeigen 1889 S. 496.

[3] Am weitesten geht Wiclif in der Schrift De officio regis (Ausg. der Wiclif Society von Pollard und Sayle S. 273), welche auch den Widerstand gegen ungerechten Angriff als unchristlich verwirft: item videtur, quod omnis homo debet sufferre quemlibet volentem occidere gentem vel patriam devastare, sic videlicet, quod non det occasionem ad facinus · · · fugere autem ab una civitate in aliam precipitur, sed resistere violente non videtur maturioribus Cristi discipulis convenire.

[4] Loserth in den Gött. Anzeigen S. 498 ff.

[5] Dialogus (ed. Pollard) cap. 26 S. 53: cum ergo Christus non ordinavit istas universitates sive collegia, manifestum videtur, quod ista, sicut graduaciones in illis sunt vana gentilitas introducta.

allem Anschein nach auch solche Lollardische Sätze durch die nach Böhmen geflüchteten Englischen Wiclifiten in Prag gelehrt worden sind [1].

Unter diesen Umständen musste der Versuch, das gesammte Taboritische Reformprogramm auf Grund seiner zahlreichen Berührungen mit demjenigen der Lombardischen Armen als Waldensisches Lehngut zu erweisen [2], erfolglos bleiben; dem gegenüber ist der entscheidende Einfluss des Wiclifismus auf die Ausbildung einer Reihe von grundlegenden Lehren des Taboritischen Bekenntnisses in hohem Grade wahrscheinlich gemacht worden. Nach der anderen Seite scheint es mir aber auch gefehlt, wenn im Hinblick auf das ausserordentliche Ansehen, welches Wiclif seitens der führenden Theologen der Taboritenpartei genoss, die Bedeutung des Waldenserthums für die Herausbildung des Taboritenthums aus dem Husitismus vollständig geleugnet oder auf ein geringfügiges Mass herabgedrückt wird [3]. War in der That das Waldenserthum am Anfang des 15. Jahrhunderts in Böhmen und Mähren in weiteren Kreisen und seit vielen Decennien verbreitet — und dies dürfte unsere Untersuchung wahrscheinlich gemacht haben — so musste naturgemäss auch der Einfluss des Waldenserthums und seiner allezeit rührigen Propaganda zur Geltung kommen, wenn die übereinstimmenden Wiclifitisch-Waldensischen Doctrinen in die breiten Massen des Volkes hineingetragen wurden; gerade in dem Zusammentreffen und Zusammenwirken zweier so ganz und gar voneinander unabhängigen und doch aufs nächste verwandten Reformbewegungen, der Wiclifitischen und Waldensischen, dürfte am ersten die Erklärung für die unwiderstehliche Macht, mit welcher die Husitische Volksbewegung

---

[1] Vgl. meine Bemerkungen in der Hist. Zeitschr. N. F. XXV, 64 f.

[2] Preger, Ueber das Verhältniss etc. a. a. O. S. 44 ff. und dazu die angeführte Besprechung von Loserth, ferner den Artikel von Goll „Die Waldenser im Mittelalter und ihre Literatur" in den Mittheilungen des Instituts für Oesterr. Gesch. IX (1888), 326—351, sowie meine in der vorausgehenden Note angeführten Bemerkungen. Lea, History of the Inquisition II, 522 f. (vgl. auch II, 512), äussert sich zu der Frage nach der Waldensischen Beeinflussung der Taboriten etwas schwankend, nimmt aber doch das Bestehen enger Beziehungen zwischen beiden religiösen Parteien an. Von mir selbst war früher (vgl. „Die religiösen Secten in Franken" S. 28 ff.) der Einfluss des Wiclifismus auf das Taboritenthum unterschätzt worden.

[3] Loserth in den Gött. Anzeigen S. 504.

sich Bahn brach, gefunden werden. Von den Zeitgenossen freilich, und auch von den mitten in der Bewegung·Stehenden, mögen nur wenige darüber klar geworden sein, welche verschiedenartigen Kräfte — an die chiliastischen und apokalyptischen Strömungen kann in diesem Zusammenhange nur mit einem Worte erinnert werden — bei dem Böhmischen Reformversuche zusammengewirkt hatten [1]. Diese Erkenntniss wurde um so mehr erschwert, als der literarische Kampf zwischen dem Husitismus und der katholischen Theologie schon frühzeitig auf die Frage nach der Orthodoxie von Wiclif's Lehre, auf deren Vertheidigung und Verurtheilung, sich hinausspitzte. Wenn dann die führenden Theologen der Taboritenpartei, von den Prager Magistern in den dreissiger Jahren als Ketzer belangt, die Argumente für ihre Glaubenssätze in erster Linie der unerschöpflichen Rüstkammer von Wiclif's Schriften, deren Autorität auch die Magister nicht principiell anzufechten wagten, entnommen haben, so kann daraus schwerlich der Schluss gezogen werden, dass auf den Gang der Husitischen Volksbewegung vor und unmittelbar nach dem Constanzer Concil der Einfluss Wiclifischer Lehren der ausschliesslich bestimmende gewesen sei [2]. Schwerer wiegend scheint uns das

---

[1] Wir werden später sehen, dass die Taboriten von einzelnen zeitgenössischen Berichterstattern, wie Johann Papausek und Thomas Ebendorfer gerndezu Waldenser genannt worden sind (Höfler, Geschichtschreiber III, 159; Döllinger, Beiträge II, 632 f,); für unser Urtheil kann dies ebensowenig bestimmend sein wie die Thatsache, dass man den Taboriten von anderer Seite mit Vorliebe den Beinamen „Wiclifiten" beilegte.

[2] Dieses Bedenken richtet sich zum Theil auch gegen Loserth's Beweisführung in den Göttinger Anzeigen, wo aus der Fassung und Begründung des Taboritischen Bekenntnisses von 1431 (Höfler, Geschichtschreiber der Husit. Bewegung II, in Fontes rer. Austr. VI, 596—700 und Lydius, Waldensia I. 1 ff.) sehr bestimmte Schlüsse auf die im ersten Stadium der Husitischen Bewegung wirksamen Kräfte gezogen werden. Mit der Berufung Peter Payne's auf Wiclif bezüglich des Fegfeuers im Jahre 1436 lässt sich für die Quelle der Taboritischen Lehre doch schwerlich etwas beweisen: denn erstlich war Peter Payne in erster Linie Wiclifit, der erst nach langem Schwanken sich den Taboriten anschloss; zweitens aber entstammt jener Satz Payne's einem Gutachten, das gemäss der vorausgegangenen Vereinbarung ausdrücklich auf die Schriften von Hus, Wiclif und Payne selbst sich gründen sollte und sich thatsächlich gegen das Taboritische Bekenntniss wandte (Höfler a. a. O. S. 704 ff.). Für die Beurtheilung des Bekenntnisses der Taboriten von 1431 als Quelle für die Kenntniss der religiösen Anschau-

Zeugniss, welches uns gleichzeitige Berichte über die auf Husens
Tod folgende Entfesselung der Böhmischen Reformbewegung
liefern und welches wenigstens in zwei Punkten die Einwirkung
des Waldenserthums auf jene Bewegung unseres Erachtens mit
Bestimmtheit erkennen lässt. Bezüglich der Lehre vom Fegfeuer heisst es in dem Briefe des Prager Magisters Christian
von Prachatic an Wenzel Koranda vom Jahre 1416, dass dessen
Gesinnungsgenossen die Existenz des Fegfeuers leugneten; derselbe bestimmte Vorwurf wird in dem Ausschreiben der Prager
Magister vom Jahre 1417 gegen die Husitischen Extremen und
von Lorenz von Brezowa zum Jahre 1420, sowie von Cardinal
Julian Cesarini im Jahre 1433 gegen die Taboriten erhoben [1].
Dass jene Anklage nicht auf einem Missverständnisse der Taboritischen Anschauungen beruhte, zeigt die Thatsache, dass auch
Peter von Cheltschic und die Böhmischen Brüder sich zu der
absoluten Verwerfung des Fegfeuers als eines Mittelzustandes
zwischen Himmel und Hölle bekannten [2]. Diese vollständige Ab-
lehnung des Fegfeuers gehört nun aber zu den Grundlehren des
Waldenserthums, während Wiclif nirgends die Existenz des Fegfeuers, sondern nur die über dasselbe vorgetragenen kirchlichen
Vorstellungen bekämpft [3]. Gleichfalls auf Waldensische Beein-

---

ungen des radicalen Husitenthums ist die Thatsache nicht ausser Acht zu
lassen, dass die Taboritenpartei sich damals schon in der Defensive gegenüber den conservativen Parteien befand und der Gefahr, mit Wiclif's Schriften,
die auch für ihre Gegner bis zu einem gewissen Punkte Autorität waren,
in Widerspruch zu gerathen, sich in keinem Falle aussetzen durfte.

[1] Palacky, Documenta mag. Joannis Hus vitam - - - illustrantia S. 634.
655; Höfler, Fontes II, 392; Monumenta concil. general. saec. XV. T. I, 274.
[2] Goll, Quellen u. Untersuchungen zur Gesch. der Böhm. Brüder II,
87; Czerwenka, Gesch. der evangel. Kirche in Böhmen II, 110 f.
[3] Ueber Wiclif's Lehre vom Fegfeuer vgl. Loserth, Gött. Anzeigen
S. 498 f. und die dort angeführten Stellen aus Wiclif's Schriften. Ich
führe ferner aus Wiclif's Sermonen (ed. Loserth) an die Stelle in Pars I,
Sermo 53 (Loserth I, 353): „anime enim plene purgate a peccatorum reli-
quiis statim advolant, anime autem in purgatorio sunt sine suo corpore
premiande". Vgl. Wiclif, Sermones ed. Loserth II, 389: „si enim amore
recto finaliter in deum tenderit, erit salvus, si autem amore obliquo refractus
fuerit finaliter a creatura, oportet eum ab illis angulis in purgatorio expur-
gari". De nova praevaricantia mandatorum c. 3 (polemical works in Latin,
ed. Buddensieg S. 125): „[cristianus] potest faciliter intellectum et affectum,
qui fuerunt in viatore pro statu innocencie supra illum statum erigere. et

flussung dürfte die Auflehnung gegen jede Eidesleistung zurück-
zuführen sein, welche sowohl von den Prager Magistern im
Jahre 1418 als von dem Cardinal Julian Cesarini 1433 den Hu-
sitischen Extremen beigemessen wird; mit letzteren befinden
sich auch hierin die Böhmischen Brüder in Uebereinstimmung,
während Wiclif, soweit ich sehe, gegen die Berechtigung der
Eidesleistung einen Einwand nicht erhoben hat [1]. Was die übrigen
Punkte des Taboritischen Programmes anlangt, so ist, wie schon
bemerkt, für manche derselben — so für die Verwerfung der
Bilder-, Reliquien- und Heiligenverehrung, für die Taboritische
Bekämpfung des weltlichen Besitzes der Geistlichkeit und die
Anfeindung des Mönchstandes, endlich für die Taboritische Sacra-
mentslehre — deren Wiclifischer Ursprung wahrscheinlich gemacht worden; hinsichtlich anderer wird bei der oben hervor-
gehobenen engen Uebereinstimmung der Wiclifisch-Lollardischen
Lehren mit denen des Waldenserthums eine endgültige Entscheidung der Frage, was die Taboriten jeder der beiden religiösen
Grundströmungen verdankten, zunächst ausgesetzt bleiben müssen [2].
Gegenüber der ausschliesslichen Betonung des Wiclifischen Ein-
flusses sei hier nur daran erinnert, dass auch an die radicalen
socialpolitischen Ideen des Taboritenthums, welche Abschaffung
der geistlichen und weltlichen Gesetzgebung, Beseitigung der
Universitäten und des Gelehrtenstandes, in letzter Linie Herstellung eines theokratischen Staatswesens auf Grundlage all-

---

deficiendo ab isto citra gradum peccati irremissibilis in purgatorio est pur-
gandus". In der zweiten Hälfte des 15. Jahrhunderts ist auch von den Englischen Lollarden die Existenz des Fegfeuers in Abrede gestellt worden
(Lechler, Johann v. Wiclif II, 430).
[1] Palacky, Documenta S. 679; Monumenta conciliorum a. a. O.;
Goll II, 42; Gindely, Gesch. der Böhm. Brüder I, 43. Auch der in gleich
engem Verhältniss zu den Waldensern wie zu den Taboriten stehende
Johann von Drändorf verwirft den Eid; vgl. oben S. 70.
[2] Die Taboritische Anschauung, dass unwürdige Priester die Macht,
die Sakramente wirksam zu spenden, verlieren, ist von Preger wohl mit
Recht auf Waldensischen Ursprung zurückgeführt worden. Weder Wiclif,
noch Hus haben einen solchen Satz gelehrt, während für das Bekenntniss
der Lombardischen Waldenser jene Anschauung von grundlegender Bedeutung ist. Allerdings haben auch die Englischen Lollarden die Waldensische Auffassung getheilt, was aber schwerlich dazu hinreichen dürfte, eine
Beeinflussung der Taboriten seitens des Waldenserthums mit Loserth bestimmt in Abrede zu stellen.

— 104 —

gemeiner Gleichheit und Brüderlichkeit forderten, Anschauungen
der Waldensischen Secte, deren absolutes Verbot des Tödtens
und Schwörens sie in den schärfsten Gegensatz zu den mittelalterlichen Staatseinrichtungen gestellt hatte, in überraschender
Weise anklingen. Wunderlich genug, haben daneben auch die
revolutionären Scenen aus der ersten Entwicklungsphase des
Taboritenthums in den blutigen Bauernaufständen und Gewaltthaten der Oesterreichisch-Böhmischen Waldenser während des
13. und 14. Jahrhunderts ihr Gegenstück.

Es ist bereits auf die bedeutsame Erscheinung aufmerksam
gemacht worden, dass die ersten Regungen des radicalen Husitismus, aus dem sich nachmals die Taboritische Partei entwickelte,
im südwestlichen Böhmen ihren Mittelpunkt hatten, wo, wie wir
mit grösster Wahrscheinlichkeit annehmen durften, die Waldensische
Secte seit Generationen eingewurzelt war[1]. „Gerade dort, wo
sich alsbald Tabor erheben sollte, haben Laien ohne kirchliche
Weihe und Autorisation Predigten gehalten und Beichte gehört,
das Sakrament der Taufe mit ungeweihtem Wasser gespendet.
Mit Verachtung der Kirchen, »der Höhlen der Räuber«, wurden
in Scheunen gottesdienstliche Versammlungen abgehalten, und
daselbst die Messe in der einfachsten Art und Weise celebrirt[2]."
Auch Pisek, das uns in den Berichten über die Ketzerverfolgungen
des 14. Jahrhunderts wiederholt begegnete, nimmt in der Geschichte des Taboritenthums eine hervorragende Stelle ein: 1419
betheiligt sich die Stadt am Klostersturm und schliesst sich im
folgenden Jahre den Taboriten an, denen wir sie noch im Jahre 1452
treu zur Seite stehen finden; zur Zeit der chiliastischen Schwär-
merei hat auch Pisek für eine jener heiligen Stätten gegolten,
die von dem erwarteten göttlichen Strafgericht verschont bleiben
würden[3]. Gleich Pisek war auch das benachbarte Schüttenhofen
(Susicz) und das südlicher gelegene Wodnian den Taboriten enge
verbündet[4]. Wie sich ferner die Anfänge der radical-husitischen
Bewegung an das nachmals in Tabor aufgegangene Austi und

---

[1] Goll II, 40; Preger a. a. O. S. 8.
[2] Goll a. a. O.
[3] Goll II, 58 (Schreiben des Jacobellus von Mies gegen Mag. Johannes Jičin); Höfler, Geschichtschr. der Husit. Bewegung I, 37. 80; Palacky, Gesch. v. Böhmen IV, 1, 306 f.
[4] Vgl. z. B. Höfler I, 94.

die Umgebung von Bechin knüpfen [1], so finden wir auch die
unter dem Namen der „Adamiten" und „Picarden" verketzerte
äusserste Linke der Taboritenpartei in nahen Beziehungen zu den
alten Sitzen des Waldenserthums im südlichen Böhmen. Der
bedeutendste Vertreter der Taboritischen Extremen, Martin Hauska,
stand in enger Verbindung mit Pisek, auf Neuhausischem Gebiete wurde er 1421 gefangen gesetzt, und in der Nähe des
Dorfes Wal, zwischen Neuhaus und Wessely hat im gleichen
Jahre jene bekannte Niedermetzelung der „Adamiten" stattgefunden [2]. Es mag in diesem Zusammenhang auch darauf hingewiesen werden, dass Pilgram, die Heimath des Taboritenbischofs
Nicolaus, und Cheltschic (unweit von Wodnian), die Heimath
des geistigen Vaters der Böhmischen Brüderunität, gleichfalls im
südwestlichen Böhmen gelegen sind.

Gibt man auf Grund des Vorausgehenden zu, dass dem süd-
böhmischen Waldenserthum neben dem Wiclifismus ein bedeut-
samer Antheil an der Herausbildung der Taboritenpartei aus dem
Husitismus zukommt — in ähnlicher Weise hat man sich auch
in den Kreisen der Brüderunität über den Einfluss des Waldenserthums auf Böhmen ausgesprochen [3] —, so ergibt sich auch hier-
aus die Unhaltbarkeit der landläufigen Annahme, dass die ge-

---

[1] Palacky III, 1, 394 f. Der erste, mit dem Namen „Tabor" be-
zeichnete Versammlungsort der radicalen Husiten lag bei Bechin (Höfler
I, 35); erst später wurde der früher Hradiste benannte Hügel bei Austi
der Mittelpunkt der Partei und seitdem „Tabor" genannt. (Höfler I, 79;
Palacky III, 1, 416 f.)

[2] Palacky III, 2, 228; 234 Anm.; 238 ff. Ueber die Böhmischen
„Adamiten" — man erinnere sich, dass ganz die gleichen Vorwürfe, wie
ihnen, den Oesterreichischen Waldensern des beginnenden 14. Jahrhunderts
und nachmals den Böhmischen Brüdern gemacht wurden — vgl. meine Be-
merkung unten.

[3] Vgl. die interessanten Mittheilungen bei Goll I, 30 über die Streitschrift der „kleinen Partei" innerhalb der Brüderunität aus dem Jahre
1496, welche den Ursprung der Unität indirect auf die Waldenser zurück-
führte. Seit Constantin und Sylvester sei nur Petrus der Waldenser mit
seiner kleinen Partei dem rechten Glauben treu geblieben. Aus dieser
Quelle, den Waldensern, ist Wiclif, ist Matthias von Janow, ist Hus ent-
sprungen; auch die directe Anregung und Förderung der Unität durch
den Waldenserbischof Stephan wird anerkannt, während bekanntlich im
16. Jahrhundert die Böhmischen Brüder ihre einstigen engen Beziehungen
zu den Böhmischen Waldensern geflissentlich in Abrede stellten.

sammte Husitische und speciell auch die Taboritische Bewegung von allem Anfang an einen national-Tschechischen und deutschfeindlichen Charakter getragen habe. Unsere früheren Auseinandersetzungen hatten gezeigt, dass die Waldensische Propaganda in Böhmen, Ungarn und Polen allem Anschein nach von Deutschland ausgegangen war, dass wie in den letztgenannten Ländern, so auch in Böhmen es zunächst die germanisirten Bezirke gewesen, in welchen das Waldenserthum Boden gefasst hatte. Auch die heutige Deutsch-Tschechische Sprachgrenze ist nur durch einen geringen Zwischenraum von den Ausgangspunkten der Taboritischen Bewegung, Bechin und Tabor, getrennt, während die Befehdung der „Adamiten" sich bis in das Deutsche Sprachgebiet hinein ausgedehnt zu haben scheint. Wie wir ferner für das Taboritische Pisek zu Anfang des 15. Jahrhunderts eine gemischt Tschechisch-Deutsche Bevölkerung annehmen dürfen, so ist Saaz, das neben Pilsen und Pisek am frühesten der Taboritischen Bewegung sich anschloss, zu Beginn des 15. Jahrhunderts eine Stadt von vorwiegend Deutschem Charakter gewesen [1]; trotz der seit 1413 eintretenden Tschechisirung der Stadt muss sich doch das Deutsche Element in derselben auch während der Husitenstürme behauptet haben, da um 1450 die Deutschen Waldenser, namentlich diejenigen in der Mark Brandenburg, in den engsten Beziehungen zu den Saazer Brüdern standen, von diesen Geldunterstützung und Gelegenheit zu ihrer Ausbildung als Reiseprediger erhielten [2]. Auch die Frage, ob die hervorragenden Theologen der Taboriten- und Waisenpartei, Johann Nemec und Peter Nemec von Saaz, ebenso wie der zu den Taboriten stehende Lorenz „der Deutsche" von Reichenbach nicht Deutscher Nationalität gewesen sind, wird um so weniger vorschnell verneinend beantwortet werden dürfen, als auch sonstige bestimmte Zeugnisse über den Anschluss Deutscher Elemente in Böhmen an den Utraquismus und das Taboritenthum vorliegen [3]. Mag anderer-

---

[1] Vgl. Schlesinger, Die älteste Geschichte der Stadt Saaz, in den Mittheilungen des Vereins für Geschichte der Deutschen in Böhmen XXVI (1888) S. 245 ff.; Derselbe, Saaz in der Husitenzeit bis zum Tode Zižka's, ebenda XXVII (1889) S. 97 ff., wo die Tschechisirung der Stadt seit 1413 nachgewiesen wird.

[2] Husitische Propaganda S. 284 f.

[3] Vgl. die Polemik zwischen Höfler (Geschichtschreiber I, S. xiij f. III, 199) und Palacky (Die Geschichte des Hussitenthums und Prof. Con-

seits auch der Antheil des Peter von Dresden an der Einführung
des Laienkelches als nicht zureichend bewiesen gelten, so kann
doch die Bedeutung der Dresdener Magister und ihrer Deutschen
Scholaren für das Emporkommen der radicalen Richtung in Prag
um 1417 nicht ernstlich bestritten werden [1]; auch daraus folgt
ohne Weiteres, dass die Husitische Bewegung in jener Zeit noch
eine überwiegend religiöse gewesen ist, die erst durch Husens
Verbrennung und durch die nachfolgenden Glaubenskriege ihren,
in späteren Berichten auch fälschlich den Anfängen des Husitismus beigelegten, schroffen national-Tschechischen Charakter auf-
geprägt erhalten hat. Dass aber auch in der Periode der hef-
tigsten Entzweiung zwischen Böhmen und Deutschland der radicale
Husitismus durch eine höchst rührige Propaganda die Verbindung
mit den kirchenfeindlichen Elementen in Deutschland, namentlich
mit dem Waldenserthum, aufrecht erhalten hat, diese Thatsache
glaubte ich bereits an anderer Stelle als ein Zeugniss für den
vielfach unterschätzten religiösen Gehalt der Taboritischen Bewegung bezeichnen zu dürfen [2].

So anziehend es erscheint, die Geschichte des Böhmischen
Waldenserthums während und inmitten der wildbewegten Zeit
der Husitenstürme zu verfolgen, so spärlich sind leider die Anhaltspunkte, die uns hierfür zu Gebote stehen, und die wir meist

stantin Höfler S. 106 ff.), bei welcher es Palacky offenbar an der Objec-
tivität des Urtheils fehlen lässt. Ueber Laurentius „Teutonicus" von
Reichenbach, Pfleger der Burg Landsberg vgl. Höfler II, 740; 742; 745.
Friedrich Reiser wurde von Procop dem Grossen um 1433 nach dem Deutsch-
Böhmischen Landscron gesandt, um dem dortigen Deutschen Priester
der Taboriten zur Seite zu stehen (Böhm, Friedrich Reiser's Reformation
des Kaisers Sigmund S. 84). Die beiden Deutschen Husiten, Bartholomäus
Rautenstock und Johann von Drändorf sind gleichfalls in Böhmen als Geist-
liche thätig gewesen (s. oben). Aus dem Husitischen Anhang unter der
Bevölkerung der Deutschen Städte Landscron und Fulnek erwuchsen später
Gemeinden der Böhmischen Brüder, deren in Deutscher Sprache abgefasstes
Gesangbuch noch erhalten ist (Loserth in den Mittheilungen des Vereins
für Gesch. der Deutschen in Böhmen XXVII [1889] S. 215 ff.). Den Prager
Utraquisten Deutscher Nationalität wurde um 1420 die Kirche zum heiligen
Geiste eingeräumt (Höfler I, 396. Vgl. auch ebenda I, 370). Die Böhmischen Gesandten auf dem Baseler Concil bestanden darauf, ihren Begleitern
in Deutscher Sprache zu predigen, weil diese zum Theil nicht Tschechisch
verstünden (Palacky III, 3, 70).
[1] Vgl. oben S. 68 ff.   [2] Husitische Propaganda S. 241.

erst den verdienstvollen Arbeiten Goll's verdanken; manche neue
Aufschlüsse sind wohl noch aus den ungedruckten Böhmischen
Quellen, namentlich denen des Brüderarchivs zu Herrnhut zu
gewinnen. Unsere vorausgegangenen Erörterungen machten es
wahrscheinlich, dass die grosse Menge der Böhmischen Waldenser,
vor allem derjenigen im südlichen Böhmen, im Husitismus auf-
gegangen ist; noch zu Lebzeiten von Hus waren, wie wir oben
sahen, die Waldenser als die natürlichen Bundesgenossen des
Reformators bezeichnet[1], und Anhänger der Husitischen Richtung,
mit Recht oder Unrecht, als Waldenser inquirirt worden[2]; Johann
Papausek nennt in seiner Schilderung der Ereignisse von 1419 ff.
die Taboriten geradezu Waldenser, und ebenso werden die Husitischen Radicalen von dem Wiener Theologen Thomas Ebendorfer im Jahre 1445 als Böhmische Waldenser bezeichnet[3]. Dass
die Verschmelzung der Waldenser mit den Taboriten ohne jeden
Conflict vor sich ging, ist schwerlich anzunehmen; namentlich
die schwankende Haltung der Taboriten gegenüber der Frage
nach der Berechtigung des Krieges, der Todesstrafe und des Eides
und gegenüber der Lehre von der Wandlung im Altarsakramente[4]

---

[1] Vgl. oben S. 93 Anm. 4.

[2] Ueber den gegen Nicolaus von Welenowicz, genannt Abraham, als
angeblichen Waldenser 1408 eingeleiteten Process und dessen Vertheidigung
durch Hus vgl. Palacky, Documenta mag. Joannis Hus vitam illustrantia
S. 184. 342. 731.

[3] Höfler, Geschichtschreiber III, 159. Vgl. die von Goll (Mittheilungen
des Oesterr. Inst. IX, 342) angeführte Stelle des Joh. Pribram. Döllinger,
Beiträge II, 632 f.

[4] Vgl. darüber Goll II, 47 f. Dass in den ersten Anfängen des
Taboritenthums das absolute Verbot des Tödtens aufgestellt wurde, geht
aus der von Preger S. 99 angezogenen Stelle der Antithesen von 1418
hervor. Vgl. v. Bezold, Zur Geschichte des Husitenthums S. 21. In dem
von Goll II, 60 mitgetheilten Briefe Jacobell's an Johann Jičin vom Jahre
1419 heisst es dagegen schon: Nonne prius predicastis contra occisionem
et quomodo iam res sit versa in oppositam qualitatem! Unter den Ketzereien,
welche auf dem Basler Concil den Böhmen zum Vorwurf gemacht wurden,
begegnet auch der Vorwurf, dass die Todesstrafe von ihnen unbedingt verworfen würde. Gelegentlich einer darüber geführten Discussion erklärte
Nicolaus von Pilgram mit aller Bestimmtheit: de homicidio dico, quod
secundum legem dei communem non licet per homicidium puniri (Monumenta concilior. general. saec. XV. T. I, 309; 347). Als der Mag. Aegidius
Carlier in einer Sitzung des Basler Concils die Berechtigung der Todesstrafe
vertheidigte, bemerkte Rokyczana, in vielen Jahren sei, dem göttlichen

mag manche glaubenstreue Waldenser wieder von den Taboriten abgesprengt und, soweit sie sich nicht als eigene Genossenschaft zusammenschlossen, den als „Picarden", „Adamiten", „Nicolaiten" u. s. w. verfemten sectirerischen „Rotten" zugeführt haben [1]. Die Annahme, dass die im Jahre 1418 aus der Fremde nach Prag geflüchteten „Picarden", durch welche angeblich die Leugnung der Transsubstantiation in Böhmen eingebürgert wurde, Waldenser gewesen seien, ist zum mindesten unbewiesen; es liegt viel näher, die Nachricht auf landflüchtige Englische „Lollarden", unter deren Lehrsätzen jene Leugnung in erster Linie stand, zu beziehen [2]. Eine

---

Gesetz gemäss, Niemand mehr wegen Diebstahls gehängt worden. (Ebenda S. 341 und dazu v. Bezold S. 22.)

[1] Eine Untersuchung über die Berechtigung der gegen die sogenannten „Adamiten" erhobenen Anklagen liegt ausserhalb unserer Aufgabe. Bei der Art, in welcher man auch unter den Husiten von den angeklagten Ketzern Geständnisse erpresste — Martin Hauska und sein Genosse Procop der Einäugige wurde zu diesem Behufe bis auf die Gedärme gebrannt (Palacky, Gesch. Böhmens III, 2, 236) — wird man den angeblichen Bekenntnissen der „Adamiten" über ihre Orgien und sonstigen Unthaten wenig Glaubwürdigkeit beimessen dürfen. Was die Partei von den übrigen Husiten schied, war zunächst ihre Leugnung der Transsubstantiation. Ein tiefer gehender Gegensatz spricht sich in dem Satze des Martin Hauska aus (Höfler, Geschichtschreiber II, 829): sufficit ad salutem, vivere vitam Christi sine papis et doctoribus. Eine eingehendere Untersuchung dürfte vielleicht den Waldensischen Einfluss, den Lea II, 518 für Martin Hauska und die Chiliasten annimmt, auch für die verketzerten „Adamiten" nachzuweisen vermögen. Einzelne werthvolle Bausteine zu einer solchen Untersuchung finden sich in Beausobre's „Dissertation sur les Adamites" in Lenfant's Histoire de la guerre des Husites, T. I (1731) S. 304 ff. Auch die Böhmischen Brüder hat man nachmals geradezu „Adamiten" genannt. Goll I, 119.

[2] Vgl. die Hauptstelle des Lorenz von Brezowa bei Höfler I, 414. Darnach kommen die Picardi, vertrieben propter legem dei, cum uxoribus et pueris nach Prag; sie haben einen „vir Latinus, qui in eorum linguagio libellos eis legebat". Die Erwähnung der Frauen und Kinder gestattet nicht, an wirkliche Begharden zu denken. Der „vir Latinus" ist jedenfalls ein des Lateinischen Kundiger; da die Sprache seiner Vorträge in Prag fremd war, können die Vertriebenen keine Deutschen gewesen sein. Die ebenfalls von Lorenz von Brezowa berichtete Thatsache, dass die Königin Sophie sich ihrer eifrig annahm, würde sich am ersten daraus erklären, dass die Flüchtlinge Anhänger Wiclif's waren, für dessen Lehren die Königin von Hus gewonnen worden war (vgl. z. B. Palacky, Documenta S. 411 ff.). Neben andern betrachtet namentlich Palacky (Ueber das Verhältniss der

bedeutsame Stellung sehen wir wieder die Böhmischen Waldenser
um 1430 einnehmen; die damals in Freiburg in der Schweiz
verfolgten Waldenser, in deren Lehren sich Taboritische Elemente
noch kaum erkennen lassen, geben an, ihre Lehrer kämen aus
Deutschland und Böhmen [1], und um dieselbe Zeit werden von
den Waldensern in der Dauphiné Geldspenden an ihre Glaubensgenossen nach Böhmen gesandt [2]. Wohl unter dem Einfluss der
um 1430 über die Deutschen Waldenser hereingebrochenen neuen
Verfolgungen ist dann in der nächstfolgenden Zeit jene enge
Allianz zwischen dem Deutschen Waldenserthum und den Taboriten
zu Stande gekommen, welche für das erstere in der Hauptsache
ein Aufgeben des eigenen Bekenntnisses zu Gunsten des Taboritischen bedeutete; wir entnehmen dies sowohl aus den von dem
Waldenserbischof Reiser vor der Inquisition zu Strassburg gemachten Geständnissen, als auch aus der Thatsache, dass damals
Taboritische Bekenntnissschriften, wie die „Confessio Taboritarum"
vom Jahre 1431 in die Waldensische religiöse Literatur übergegangen und, ohne Zweifel durch Vermittlung der Deutschen
Waldenser, ins Provençalische übersetzt worden sind [3]. Die Geschichte der erfolgreichen Propaganda in Deutschland, welche
von diesem Taboritisch beeinflussten Waldenserthum ausgegangen
ist, habe ich an anderem Orte dargestellt; ihr Niedergang fällt
mit der Auflösung der Taboritenpartei zusammen. Wie Procop

Waldenser etc. S. 20 f.) die „Picarden" von 1418 als Romanische Waldenser.
Dass solche um jene Zeit nach Böhmen flüchteten, scheint aus einer Angabe
Friedrich Reiser's (Böhm S. 81) hervorzugehen, wonach angeblich Reiser
um 1420 in der Nähe von Basel auf vertriebene Waldenser, welche sich
nach Böhmen begaben, gestossen ist; doch beruht möglicherweise die Stelle
auf freier Erfindung von Reiser's Biographen Jung. Für Palacky's frühere
Annahme (Gesch. v. Böhmen III, 2, 228), die „Picarden" von 1418 seien
aus den Niederlanden gekommen, liegen keinerlei Anhaltspunkte vor. Prin-
cipiellen Widerspruch gegen die katholische Lehre von der Transsubstantiation — gerade dieser charakterisirte in den Augen der Böhmen die Picarden
von 1418 — hat das Waldenserthum, wie es scheint, nicht erhoben (vgl.
C. Müller, Die Waldenser S. 117).
[1] Ochsenbein, Aus dem Schweizerischen Volksleben des 15. Jahrhunderts S. 384.
[2] Mansi, Collectio conciliorum XXIX, 402.
[3] „Husit. Propaganda" S. 282, meine „Waldensia" in der Zeitschr. f.
Kirchengesch. X, 2 (1888) S. 311 f. und Berger, Les bibles provençales et
vaudoises (Romania XVIII) S. 393 ff.

auf dem Basler Concil 1433 mit Wärme für die Waldenser eingetreten ist, so haben dieselben nach dem Berichte des Aeneas
Piccolomini auch noch im Jahre 1451 in Tabor in besonderer
Gunst gestanden. Nach dem Falle Tabors im Jahre 1452 wurde
das nicht weniger radicale Saaz der Mittelpunkt für das Böhmische Waldenserthum und dessen nach Deutschland fortgesetzte
Propaganda [1]. Wir hören aber auch aus dieser Zeit, dass ebenso
wie hervorragende Glieder der Taboritenpartei, so auch einzelne
Führer der Waldenser den Utraquisten beitraten [2]; Rokyczana,
das Haupt der Utraquisten, stand um 1460 offenbar im besten
Einvernehmen mit den Böhmischen Waldensern und deren nachmals in Wien verbranntem Bischof Stephan, dessen Verkehr mit
den Begründern der Böhmischen Brüderunität er vermittelte [3].
Es ist das Verdienst Goll's, die Beziehungen zwischen dem Lehrsystem des geistigen Vaters der Unität und dem des Waldenserthums dargelegt zu haben. Die Peter von Cheltschic charakteri-
sirende Neigung zur Weltflucht, die ihn nicht nur das Leben der
Reichen, die Schenkhäuser u. dergl. als sündhaft bekämpfen,
sondern auch dem Handel und dem gesammten städtischen Leben
den Krieg erklären lässt, seine vernichtende Kritik der Kirche
und des Staates, von denen sich die wahren Christen auf den
unmittelbaren Verkehr mit Gott zurückziehen sollen, seine stete
Betonung des absoluten Verbots des Tödtens [4] — alle diese
Züge machen im Zusammenhalt mit unseren bisher gemachten
Beobachtungen eine tiefgehende Beeinflussung des hochbedeutenden,
übrigens gleichzeitig in engem Verhältniss zu Wiclif stehenden
Mannes durch Waldensische Ideen nahezu zweifellos. Und auch
unter den ersten Mitgliedern der durch ihn inspirirten Brüderunität [5] finden wir wiederum Waldenser. Schon auf der ersten

---

[1] Monum. concil. gener. saec. XV. T. I, 352; Aeneas Sylvius, Epistolae
130 (Dialogus contra Bohemos); Husitische Propaganda S. 284.
[2] Goll I, 100.
[3] Goll I, 30 f. Ein Mitglied der Unität schrieb um 1470 an Rokyczana:
Da ihr die Waldenser duldet und liebt, die mit uns, was den Glauben
betrifft, gleich gesinnt sind — denn so oft wir uns mit ihnen besprachen,
fanden wir, dass sie im Glauben von uns sich nicht entfernen, vorzüglich
in den gründlichen Dingen: warum sollte uns keine Duldung gewährt
werden? Goll I, 22.
[4] Goll II, 33 ff.
[5] Unter den ersten Gliedern der Unität finden sich Johann aus Chel-

Synode der Brüder waren Deutsche Waldenser, wobl auch aus
dem benachbarten Oesterreich, anwesend gewesen, und bei der
Wahl der ersten Priester der Unität spielt ein mit anderen seiner
Glaubensgenossen den Brüdern beigetretener Waldensermeister
eine bemerkenswerthe Rolle. Wir hören ferner, dass der Oesterreichische Waldenserbischof Stephan, ein Jünger Reiser's,
etwa zwischen 1460 und 1465, mit den Brüdern in naher Verbindung
stand, den Vorsteher der Unität, Matthias von Kunwald, als
Bischof bestätigte und über wünschenswerthe Reformen innerhalb
beider religiösen Genossenschaften mit den Brüdern verhandelte;
der bei solchen Gelegenheiten erfolgende Gedankenaustausch
zwischen den Waldensern und Brüdern liess die Letzteren erkennen, dass die beiderseitigen Lehren „vorzüglich in den gründlichen Dingen" übereinstimmten[1]. Trotzdem ist der um dieselbe
Zeit gemachte Versuch, die Gesammtheit der Böhmischen und
Deutschen Waldenser mit der Unität zu einer einzigen Genossenschaft zu verschmelzen, erfolglos geblieben[2]. Erst als durch
wiederholte Verfolgungen der Waldenser in Oesterreich und
Brandenburg deren Organisation mehr und mehr gelockert worden
war, während gleichzeitig die Brüderunität wesentlich an innerer
Stärke gewonnen und sich überraschend schnell über Böhmen
verbreitet hatte, ist der Anschluss der Reste des Böhmischen
Waldenserthums an die Unität erfolgt. Sowohl Oesterreichische,
wie Märkische Waldenser, die vor der Inquisition geflüchtet waren,
fanden im letzten Viertel des 15. Jahrhunderts Aufnahme bei

tschic, Heinrich aus Tabor, Georg von Schüttenhofen, Procop von Neuhaus.
Gindely, Gesch. d. Böhm. Brüder 1, 27.

[1] Dabei ist allerdings nicht ausser Acht zu lassen, dass jene Böhmisch-
Oesterreichischen Waldenser, wie sich aus den über Friedrich Reiser vorliegenden Nachrichten ergibt, sich zum guten Theil das Taboritische Bekenntniss zu eigen gemacht hatten.

[2] Goll 1, 88 Anm. 1, 30 ff.; 100 f.; 118; 122 Anm. 1. Die „Priester
Römischer Weihe" (sacrifici papistici), auf deren Rath die Waldenser die
Beziehungen zu den Böhmischen Brüdern um 1460 abbrachen, können unmöglich wirkliche Katholiken gewesen sein; es waren vielmehr ohne Zweifel
die Führer der Utraquisten, vermuthlich Rokyczana selbst, welche die be-
absichtigte Union hintertrieben. In der Streitschrift der „kleinen Partei" von
1496 heisst es, dass von den Waldensischen Priestern zwei „zur Macht der
Welt übergegangen seien"; damit ist jedenfalls deren Uebertritt zum
katholisirenden Utraquismus verstanden (Goll 1, 30; 100; 119).

den Böhmischen Brüdern, vor allem in deren Deutschen Gemeinden
Fulnek und Landskron, an welch' letzterem Orte fünfzig Jahre
früher der Waldenserbischof Reiser als Seelsorger gewirkt hatte.
Auch darin zeigten sich die Brüder als die Erben der Böhmischen
Waldenser, dass sie sich um 1498 mit der Centralleitung der
Waldensischen Secte in der Romagna durch ihre Gesandten in
Verbindung setzten und damit eine Reihe von höchst interessanten
litterarischen Wechselbeziehungen einleiteten [1]. Auch in Deutschland haben die Böhmischen Brüder, wohl zunächst in Anlehnung
an die hier noch vorhandenen Reste des Waldenserthums, bis
ins 16. Jahrhundert hinein, für die Verbreitung ihrer Lehren
gewirkt [2]; doch sind reichhaltigere Angaben über die Ausdehnung
und Erfolge dieser Propaganda, sowie die Aufhellung ihres Zu-
sammenhangs mit den unter dem Namen der Wiedertäuferei zu-
sammengefassten religiösen Bewegungen des 16. Jahrhunderts
erst von der Erschliessung neuer Quellenberichte zu erhoffen.

---

[1] Goll I, 66 f.; 120 f. Joach. Camerarius, Narratio de fratrum orthodoxorum ecclesiis S. 104 ff. 117.
[2] Vgl. Husitische Propaganda S. 294 ff.

Beilage I.

Inquisitionsurtheil gegen Ungarische Waldenser aus der Umgebung von Oedenburg, erlassen durch die Inquisitoren Petrus und Martinus. 1401 Jan. 9. Oedenburg.

Aus cod. mscr. chart. misc. fol. Nr. 51 (saec. 15) der Würzburger Univ.-Bibliothek.

In nomine domini amen. quoniam nos frater Petrus, provincialis religiosorum fratrum Celestinorum per Alemaniam, et Martinus presbyter et altarista in ecclesia beate Marie virginis ante letam curiam maioris civitatis Pragensis, inquisitores heretice pravitatis a reverendo in Cristo patre ac domino nostro domino Johanne sancte Jauriensis ecclesie episcopo per eius civitatem et diocesim Jauriensem constituti, deputati ac delegati, per nostram inquisicionem diligenter et legitime factam evidenter comperimus et ex vestra confessione spontanea luculenter invenimus vos omnes et singulos utriusque sexus — numerus omnium et singulorum virorum nomina et demerita — subscriptos hereticos et hereticas fuisse, heresiarchis secte Waldensium adhesisse, ipsis vestra peccata confessos et confessas esse, bonos homines et apostolorum vicarios Cristi, non tamen consecratos presbyteros ipsos reputasse et asseruisse, beatam virginem et alios in patria celesti sanctos non honorasse, eorum preces, merita et auxilia non invocasse, purgatorium post hanc vitam et suffragia ecclesie pro defunctis non credidisse et in quam pluribus aliis articulis erroneis et hereticis per sanctam Romanam ecclesiam reprobatis et condempnatis consensisse; quamquam a vestris plebanis et aliis predicatoribus orthodoxis in vestris parochiis contrarium vestrorum perversorum dogmatum luce clarius audiveritis predicari, vos tamen in grave dispendium et animarum vestrarum periculum vestrorum heresiarcharum hospicia scienter intrastis aut in vestra domicilia suscepistis et in vestris erroribus usque ad ista tempora perstitistis et multipliciter divisim et coniunctim,

prout vobis hic in vulgari manifeste pronunciabitur, ymmo pronun-
ciatum est, temere deliquistis. nunc vero saniori perusi consilio vultis
ut asseritis ad unionem sancte Romane ecclesie katholice de corde
puro et fide non ficta redire: ideo vos, imprimis abiuratis omnibus
articulis secte Waldensis predicte et omnimoda ᵃ) sectariorum communicacione et alia qualibet heretica pravitate secundum formam ecclesie
nrius coram nobis iudicialiter et iam in facie ecclesie, de sentenciis
excommunicacionum, quibus astricti tenebamini, absolvimus ¹ · · · sed
quia in deum et sanctam ecclesiam katholicam et Romanam predictis
modis peccastis et frivole excessistis, ideo [vos] ad peragendam condignam penitenciam cruce, prout moris est, glauca, quod illam vestris
impressam frontibus Cristi rubicundam, coloratam, tinctam, perfusam
et rubicatam sanguine decolorastis et deformastis, ante et retro in
vestro exteriori vestitu per nos in civitate sive opido Sopronio Jauriensis
diocesis signari volumus [et] quemlibet vestrum utriusque sexus tenore
presencium signamus et vos ibidem per tres dies 30 a datis presencium continuos infrascriptas ecclesias scilicet Michaelis archangeli
parochialem, sancte Marie virginis extra muros infra missarum sol-
lemnia solos ᵇ) in unum· congregatos publice visitare et in quarumlibet
medio flexis genibus in 15 oracionibus dominicis et totidem saluta-
cionibus angelicis et tribus symbolis maxime cum advertencia illorum
articulorum: sanctam ecclesiam katholicam et sanctorum commu-
nionem, in quibus oberrastis, et tribus simpliciter oracionibus dominicis et totidem ave Maria pro defunctis fidelibus, deum dominum
sanctamque Mariam virginem et omnes sanctos vobis propicium et
propicia vobis facere et propicios precipimus ac mandamus; ac deinde,
quocunque terrarum vos diverti et in publicum exire contigerit,
ipsam crucem vos publice volumus baiolare. dicimus eciam quod per
nostram presentem sentenciam decernimus vos predictos omnes et
singulos, qui in vestris relacionibus ac deposicionibus periuria commi-
sistis et in actis coram nobis habitis de hoc notati estis ac qui heresi-
archas in domos vestras quomodolibet intromisistis, quicunque in
horum aliquo aut in omnibus deliquistis, hic penitencialiter coram
nobis et fidelium congregacione vestram culpam super premissis ex-
pressis et publice dicere debeatis. item dicimus et summaliter pronunciamus, quod omnes domus ᶜ), in quibus heresiarche ᵈ) scilicet hospicia sunt
aut quolibet ᵉ) per hereticos aut hereticas intromissi a Cristi fidelibus

---

a) Hs. omnino de. b) Hs. solis. c) Hs. domos.
d) zu lesen: heresiarcharum? e) Hs. pro quolibet.

---

¹ Folgt die Bedrohung des etwaigen Rückfalls der Verurtheilten mit
abermaliger Excommunication.

maledicti habebantur et ubi Cristi fidelium communitati magnum
ex hoc incommodum provenerit, funditus diruantur et in posterum
[n]ullatenus reedificarentur, ut ibi sit perpetuo receptaculum sordium,
ubi prius fuit aliquod latibulum hereticorum. [preterea] dicimus et
summaliter pronunciamus, quod omnia cimiteria, in quibus evidenter
constat maledicta hereticorum et hereticarum corpora fore tumulata,
per ecclesiasticos episcopos reconsecrentur et infra hinc et festum
purificacionis beate virginis in omnibus locis, in quibus ex actis nostris
probari et ostendi poterit hereticum aliquem aut aliquam sepulturam
habuisse, reconcilientur et ossa ipsorum, si discerni poterint, in sig-
num eterne dampnacionis et adustionis iudicialiter comburantur. specialiter invenimus primo de Gunsa te Annam relictam Jakob Bera-
tunsgot de Gunsa ex katbolicis natam parentibus et per maritum
tuum in sectam inductam et in ea annis duodecim permansisse; ideo
penitebis in cruce annos duos. item alia pro 26 et 12 annis hospita
hereticorum penitebit tribus annis in cruce. item qui per annum unum
erravit, penitebit mensem. — (et sunt multa nomina ibi posita.) [1] - - -
lecta et lata est hec sentencia anno domini 1401, nona indiccione,
die nona mensis Januarii, mane hora terciarum, que fuit dies dominicus infra octavam epiphanie, in ecclesia parochiali Supronii Jauriensis
diocesis per dominum Petrum, provincialem religiosorum fratrum ordinis Celestinorum per Alemaniam, inquisitorem hereticorum per provinciam Strigoniensem et specialiter Jauriensem diocesim, presentibus
Paulo plebano, Lenhardo predicatore et Laurencio Nicolao vicariis
sociis et permultis aliis presbyteris, clericis et laicis et hominibus
utriusque sexus ad premissa ut ad spectaculum concurrentibus et
conspicientibus.

---

[1] Folgt nochmalige feierliche Urtheilsverkündigung und Vorbehalt der
Modification und Milderung der verhängten Strafen.

Beilage II.

Actenstücke aus dem Archive der Inquisitoren Petrus Zwicker und Martin von Prag, betreffend Oesterreichische und Steiermärkische Waldenser.

Dem Abdruck der folgenden Actenstücke liegt zu Grunde die Handschrift der Würzburger Universitätsbibliothek, M. ch. m. fol. 51 (saec. 15. 2⁰), die wir als A bezeichnen. Verglichen sind für Nr. 1 und 2 die Münchener Hss. des 15. Jahrh. CLM. 22373 in 4° (C) und CLM. 5338 in 4° (B). Nr. 3 ist nur in A erhalten. Eine Anzahl rein formelhafter Stellen der Urtheile sind der Raumersparniss halber ausgelassen; über deren Inhalt vgl. die Anmerkungen.

Nr. 1.

In nomine domini amen. quoniam nos frater Petrus, provincialis religiosorum fratrum ordinis Celestinorum a venerabili patre fratre Nicolao de Aversa, abbate principalis monasterii sancti spiritus prope Sulmonam[a]) Valvensis diocesis necnon tocius religionis prefate per eius provinciam Alemanie deputatus et inquisitor pravitatis heretice. per diocesim Pataviensem a reverendo in Cristo patre ac domino nostro domino Georgio per eius civitatem et diocesim predictam constitutus, per inquisicionem nostram diligentem et legitime factam, quam in absencia nostra in favorem orthodoxe fidei honorabili viro ac religioso ordinis sancti Benedicti domino Friderico plebano in Styra commisimus, evidenter comperimus et ex vestra libera et spontanea confessione facta luce clarius invenimus te Els relictam Chunradi[b]) Fewr in Tampach plebis in Garsten natam in secta, habentem in ea 60 annos et per dominum Henricum de Olmüntz pie memorie inquisitorem absolutam; et postea quasi canis ad vomitum rediens relabi non formidasti et usque in diem tue examinacionis sectam tuam turpiter et mendose credidisti: ideo per totum tempus vite tue penitebis in cruce et ad maiorem tue conversionis consequendam graciam septem dominicis diebus immediate in parochia tua in Garsten ante presbyterum debes ecclesiam circuire et per eum virgis fortiter cedi et cum ecclesiam post circuitum reintrare volueris, debes sub ianua per transversum te prosternere, ubi ab intrantibus et exeuntibus poteris conculcari, quousque presbyter surgere te mandabit. Te Diethrich Wagner zu Grigkelarn[c]) plebis Weistra[d]), ex matre natum in secta[e]), annos 32 in ea habuisti, ideo penitebis octo annis in cruce, semel tamen in parochia tua ante plebanum tuum ecclesiam circuibis, in

---

a) Sulmanam in allen 3 Hss.   b) C. Conradi.
c) B: Grikelarn. C: Griekelarn.   d) A: Wisern.   e) zu ergänzen: invenimus.

dextra manu virgam et sinistra candelam accensam. te Salmen de Swammarn[a]) plebis Garsten, natum in secta, decem annos in eo habuisti; ideo penitebis duobus annis in cruce. te Geysel[b]) relictam Ulrici am Rabenpüchel, nunc im Lueg [Wes?][c]) plebis sancti Michaelis[d]), natam in secta habentem in ea 40 annos et per dominum Henricum predictum de Olmüntz absolutam et postea turpiter recidivando relapsam, et usque in diem tui moderni examinis in secta perstitisti; ideo 20 annis penitebis in cruce et semel una die dominica circuibis ecclesiam per plebanum tuum virgis cesura. te Henricum zum Dörfflein[e]) plebis in Wolfarn[f]), natum in secta, 80 annos in ea habuisti; ideo penitebis in cruce annis sex et unam ad sanctum Petrum peregrinacionem Romam infra annum faciendam; vos inquam omnes et singulos utriusque sexus Pataviensis diocesis predicte hereticos et hereticas fuisse, heresiarchis scienter adhesisse, eos hospitasse vel hospicia intrasse et in quam pluribus articulis erroneis per sanctam Romanam ecclesiam reprobatis et condemnatis usque in hodiernum diem miserabiliter et pertinaciter perstitisse. nunc vero saniori usi consilio vultis ad unitatem sancte matris ecclesie katholice et Romane corde bono et fide non ficta ut asseritis redire [1]. - - - sed quia in deum et sanctam Romanam ecclesiam predictis modis temere deliquistis, vos [ad][g]) peragendam condignam penitenciam cruce prout moris est glauca ante et retro, quocunque locorum divertimini, signari volumus[2].

Nr. 2.

In nomine domini amen. quoniam nos frater Petrus[3], per inquisicionem nostram diligentem et legitime factam, quam in absencia nostra in favorem orthodoxe fidei honorabili viro ac religioso ordinis sancti Benedicti domino Friderico plebano in Styra commisimus, evidenter comperimus et ex vestra libera et spontanea confessione facta luce clarius invenimus, quod tu Kunegundis Friderici in der Aw et quondam Chunradi de Zell superioris inquilina plebis Garsten, licet dudum anno domini 1395 ex certa nostra sciencia sectam hereticorum Waldensium cum omnibus punctis et articulis et omnimoda sectariorum et sectariarum communione participacione ac alia quavis conversacione iudicialiter et legitime

---

a) B: Swammaren.   b) A: Gaysll. C: Geissel.   c) A: Wes. B: Lueg. C: Lúg.
d) B fügt bei: filialis ecclesio monasterii Sayttensteten.
e) A: Dorflein. C: Henricum Dorflein.   f) B: Wolffarn.
g) ad fehlt in allen 3 Hss.

---

[1] Folgt die Lossprechung der Verurtheilten vom Kirchenbanne.
[2] Folgt feierlicher Urtheilsschluss mit Vorbehalt der Modificirung der verhängten Bussen.   [3] Folgt Titulatur wie im Eingang von Nr. 1.

— 119 —

sollempniterque coram nobis et testibus sufficientibus et idoneis publice abiuraveris et ad penam relapsorum expresse te, si unquam de
cetero non katholice sed heretice vivere sentire aut asserere reperta
fueris, obligasti, cruce per nos glauca publice punita fuisti, sicut hec
in actis nostris evidencius continentur, illis tamen non obstantibus,
cum nuper anno domini 1398 die 14 mensis Januarii per plebanum tuum
legitime citata coram nobis comparueris et diligenti nostro examine
interrogata, si de dicenda veritate iuramentum secundum quod iuris
est prestare velis, tu quidem iurasti et per idem iuramentum a nobis
inquisitorie iurata et interrogata, si post per nos receptam, quam,
ut premittitur, merueris, salutarem penitenciam credideris, quod
sancti in celis existentes nobis positis in terris suis valeant precibus
suffragari, tu, licet varie et multiformiter velando tuam occultares
hereticam pravitatem, tandem nobis sollicite continuantibus, ut tenemur,
respondisti, quod usque in iam dicti tui examinis diem 14 mensis
Januarii prenotati presentis anni firmiter credideris, quod sancti, ut
premissum est, existentes in celis suis precibus nobis constitutis in
terris possint seu valeant nullatenus auxiliari, sed solus deus, et, qui
serviet deo, et sanctis eius serviet. item interrogata, si credideris
esse purgatorium post vitam temporalem presentem, respondisti, quod
non eciam hucusque. item interrogavimus sicut prius de indulgenciis
ecclesiasticis: respondisti, quod non credideris eas quoquomodo valere,
[pro] eis ut dictum est penitencia iam dudum recepta usque in ipsam
14 diem mensis Januarii sepe dictum. item fassa es, quod coram
complicibus tuis dixeris, ymmo firmiter credideris, quod nos inquisitor
prefatus graviter et temere peccaverimus, Henricum Rabenmair, Fridericum Fabrum auff der Steinwandt, Petrum Soller*), Ortlinum
Mayr zu Nidern Wolffarn, Agnetem uxorem eius Gerdrudem et Gred
im Winkel*), inquilinas dicti Ortlini, hereticos et hereticas relapsos
et relapsas nuper brachio et iudicio curie secularis suis exigentibus
demeritis legitime et iudicialiter relinquendo, non obstantibus, quod
prius sectam Waldensium sicut in actis nostris continetur iudicialiter
ad iuramentum*), verum eciam postmodum turpiter relabendo quam
plures ipsius Waldensium secte punctos et articulos cordialiter reti-
nentes ut prius attemptaverunt ipsam sectam credere et tenere. ex
quibus omnibus et singulis es merito heretica periura, ficte conversa
et in abiuratam heresim relapsa reputanda, dicenda et iudicanda.

*Es folgt die Anklage und der Bericht über das Verhör des Gundel
aus Holzapfelberg in der Pfarrei Weistrach und der Dyemuet, inquilina Mathel zu Hausleithen plebis Sirnick, welche während der Drucklegung dieser Schrift durch J. v. Döllinger (Beiträge zur mittelalter-*

---

a) A: Stüller.   b) B u. C: Winchel.   c) abiurantes?

lichen Sectengeschichte II, 348 ff.) bekannt gemacht worden sind[1]. *Als-*
dann fährt das Inquisitionsurteil folgendermassen fort:

Item eadem nostra inquisicione comperimus, quod tu Els relicta
Chunradi[a]) Fewr in Tampach[b]) plebis in Garsten[c]), licet dudum anno
domini 1391[d]) die 4 mensis Maji coram domino Friderico modo predicto commissario sectam hereticorum Waldensium cum omnibus et
singulis punctis et articulis iudicialiter et legitime sollempniterque
sub pena relapsorum abiuraveris, cruce glauca per predictum nostrum
commissarium penitenciata fueris, illis tamen non obstantibus, cum
nuper anno domini 1398, 24 die mensis Januarii ex nostra ordi-
nacione tamquam de relapsu suspecta captivata fuisti et ad examen
producta et per nos interrogata, si de dicenda veritate velis iurare,
respondisti, quod sic; et per iuramentum tuum, quod feceras, per nos
interrogata dixisti, quod hesterna die videlicet 23 mensis predicti
non credidisti fore purgatorium post hanc vitam sed temptaciones et
passiones corporis adhuc viventis essent purgatorium. item fassa es,
quod usque in eundem diem omne iuramentum credideris fore pec-
catum. item recognovisti, quod nuper per plebanum tuum presentem
visitata et interrogata, an velis iurare te morituram in fide katholica et cristiana, quam nos katholici tenemus, dixeris, quod non velis,
ymmo te penitere, quod prius iurasses et abiurasses. item in eodem
examine recognosti, quod iterum per plebanum tuum interrogata, si
vigiliam omnium sanctorum anni immediate preteriti ieiunaveris in
honorem sanctorum, dixisti, quod ieiunasses in honorem solius dei et
non sanctorum, ymmo quod ipsum tuum plebanum interrogaveris,,
utrum dominus esset potencior servo suo, volens innuere per hoc
quod sancti non sint invocandi. ex quibus omnibus et singulis es
merito heretica periura, ficte conversa et in heresim in iudicio abiu-

---

a) C: Conradi.   b) B: Tanpach. C: Tannpach.
c) B: Gersten. C: Gärsten.   d) A: 1390. C: 1398.

[1] Der Druck bei Döllinger bedarf an verschiedenen Stellen der
Verbesserung. S. 348 unten muss es statt: animum tuum monentes
heissen: a. t. movente; S. 349 oben statt: confessus et quod ist zu lesen:
c. es, quod; S. 349 unten statt Heinricum de Gelking lies: H. de Zelking;
S. 349 unten ist die Lücke bei Döllinger folgendermassen zu ergänzen:
quod, si tibi mandaremus vel iuramentum iuste proponeremus, iurare velles.
Der Schluss der Anklage gegen Gundel (Döllinger S. 350 unten) lautet
in den Handschriften: ex quibus omnibus et singulis es merito hereticus
periurus, ficte conversus, impenitens et in abiuratam in iudicio heresim
relapsus reputandus, dicendus et iudicandus; die Anklage gegen Dyemuet
schliesst mit den Worten: ex quibus omnibus et singulis es merito heretica
obstinata et impenitens censenda, dicenda et iudicanda.

ratam relapsa reputanda, dicenda et iudicanda¹. et ideo vos Gundel
et Els tamquam relapsum hereticum et hereticam, te Kunegund et
Dyemuet tamquam hereticam relapsam impenitentem et relapsam,
cum ecclesia non habeat ultra quid faciat, relinquimus brachio et
iudicio curie secularis, eandem affectuose rogantes, prout suadent
canonice sancciones, ut vobis vitam et membra citra mortis arti-
culum illibata conservet, salvo et reservato nobis et retento, ut, si
vere penitueritis et penitencie signa in vobis apparuerint manifeste
et vobis humiliter petentibus, sacramenta penitencie et eukaristie
ministrentur etc.²

Nr. 3.

In nomine domini amen. quoniam nos frater Petrus, provincialis
religiosorum fratrum ordinis Celestinorum per Alemaniam, et Martinus,
presbyter et altarista in ecclesia beate Marie virginis ante letam curiam maioris civitatis Pragensis, inquisitores heretice pravitatis a
reverendissimo in Christo patre [ac]³ domino nostro domino Gregorio
sancte Saltzburgensis ecclesie archiepiscopo et apostolice sedis legato
[per ejus civitatem et diocesim constituti, deputati et delegati], per
nostram inquisicionem diligenter et legitime factam evidenter comperimus et ex vestra confessione spontanea et voluntaria luculenter
invenimus, quod quevis tu Wendel relicta Jacob Richter de Nider-
Ror plebis in Hartperg nuper hoc anno, qui est domini nostri Jesu
Cristi millesimus quadringentesimus primus die ultima mensis Januarii
sectam hereticorum Waldensium, in qua coram nobis rea fueris reperta et profunda in secta nata et quinquaginta in ea annos habens
et hereditatis ex tue maledicte matris et in secta defuncte testamento
sex solidos denariorum persolvens, cum omnimoda sectariorum et
sectariarum favore et communicacione iudicialiter coram nobis notario publico et ydoneis testibus abiuraveris; tu tamen cum decima
die mensis Februarii hora nonarum de carcere ducta, in quem propter
suspicionem [re]lapsus missa fueras, coram nobis examinata fuisses,
[reperta es] quatuor tuos pueros carnales et uterinos, scilicet Andream
et Petrum filios, Annam et Margaretham filias [contra] hoc iuramentum tuum penitus occultasse et, cum nos per diligentem inquisicionem nostram et ex aliorum complicium secte didicissemus relacione
predictos tuos filios fuisse sectarios et ipsos adiurassemus die sexta
super dicenda veritate mensis Februarii, ex tua induccione pessima

---

¹ Folgt die Erklärung, dass die Angeklagten theils rückfällige, theils
halsstarrige Ketzer sind, denen Gnade nicht gewährt werden kann.
² Datum und Ausstellungsort der Urkunde fehlen.
³ Die eingeklammerten Worte, die in der Hs. fehlen, sind von mir ergänzt.

reperimus contra eorum iuramenta prestita fallaces et periuros; et hoc ipsum, scilicet quod eos induxeris ad negandum, coram nobis die decima mensis Februarii predicta ex ore tuo fassa es et hoc ideo feceras, quia post abiuracionem tuam coram nobis iudicialiter et legitime factam adhuc credidisti sectam per te abiuratam fore fide katholica meliorem, quapropter merito culpis tuis exigentibus iudicanda es [in] abiuratam iudicialiter heresim relapsa.

Item reperimus, quod quevis tu Els Porsteyner soror Wendel predicte etiam de Nider-Ror hoc anno domini 1401 die 26 mensis Januarii sectam Waldensium hereticorum, in qua coram nobis rea reperta fueris et in secta 30 annos habens, cum omnimoda sectariorum et sectariarum favore et communicacione iudicialiter coram nobis notario [publico] et ydoneis testibus iudicialiter abiuraveris; tu tamen [cum] 11 die mensis [Februarii] de carcere producta, in quem propter suspicionem relapsus missa fueras, coram nobis examinata fuisses, reperta es predictos quatuor tue sororis filios et filias Andream, Petrum, Annam et Margaretham, ymmo proprium carnalem Henricum dictum Jungit [?] Perfler non solum contra iuramentum tuum occultasse, ymmo quidem gravius peccans per iuramentum ipsum certitudinaliter de secta non fore asseruisse, et tamen [cum] nos per diligentem inquisicionem nostram et ex aliorum complicium relacione didicissemus predictos tuos [et] tue sororis filios fore sectarios et hereticos et ipsos[a]) super dicenda veritate die 6 mensis Februarii adiurassemus, reperimus eos ex tua induccione pessima contra iuramenta eorum prestita fallaces et periuros; et hoc ipsum, scilicet quod eos induxeris ad negandum, tu coram nobis die 11 mensis Februarii ex ore tuo fassa es et hoc ideo feceras, quia post abiuracionem tuam coram nobis iudiaciliter et legitime [factam] adhuc credidisti sectam per te abiuratam fore fide katholica meliorem. quapropter[b]) culpis tuis exigentibus iudicanda es in abiuratam iudicialiter heresim relapsa.

Item invenimus et reperimus, quod quevis tu Peters uxor Friderici[c]) Reat de Stangendorff hoc anno presenti, scilicet anno domini 1401 die 24 mensis Januarii coram nobis dicende[d]) veritatis iuramentum prestiteris; tu tamen primo verbo reperta es mendax et periura, eo quod nomen tuum Peters in baptismo tibi impositum in aliud, scilicet Els mutasti et quandam famulam tuam Endel, nunc uxorem Nickel Ausenperig, induxeris similiter in imitandum. nam cum notissimum fuerit eam vocari Endel, ipsa ad induccionem tuam se Margaretham fallaciter et mendaciter nominavit, et hoc ideo fecisti, quod si postea fides tibi katholica non placeret, tu velles racione mutati nominis ad tuam sectam, quam ipsa fide katholica et orthodoxa

---

a) Hs. ipsam. b) Hs. contrapropter. c) Wohl zu lesen: Dieterici. d) Hs. dicemus.

credideris meliorem, [redire]; et ipsum ex ore tuo pluries et coram pluribus post predicacionem nostram expressive fassa es non nacta, sic dicens: si illam predicacionem non audivissem, nunquam facta fuissem cristiana, nunquam me convertissem. ex quibus verbis liquido et luce clarius est, quod abiuracio tua et conversio tua, quam nos veram reputavimus, fallax fuit penitus et dolosa; nam si permittente deo ante istam predicacionem mortui fuissemus, tunc non obstante iuramento permansisses heretica totaliter sicut prius. item ex relacione tua clarissime patet tuum periurium, quia dixisti: in estate proxima preterita decem elapsi sunt anni, quod ultimo heresiarchis confessa [sum?], et postea ex ore tuo coram nobis fassa es, quod nuper in estate proxima tempore cerasorum ipsis sis confessa et hoc quidem sic evenit: quoniam nuper anno domini presenti die 26 mensis Januarii maritus tuus Dietell der Rote coram nobis per iuramentum suum de dicenda veritate prestitum dixerat, quod ultimo ante sex ebdomadas heresiarchis confessus fuerit una tecum in domo propria, et tu cum illud comperisses, more vulpis antique et fraudulente invenisti tibi in temporibus mendax medium dicens, ut premissum est, quod proximo tempore cerasorum eis ultimo sis confessa, et tu tamquam tigris furiosa maritum tuum increpacionibus et malediccionibus tam coram nobis quam alias publice adeo turpiter confudisti, quod suam fassionem, cui[a]) merito plus, quam tibi perpetuo mendaci fidem adhibuimus, non sine sua maxima confusione, ut evidenter timemus, mendaciter retractavit. ymmo quod peyus et per omnia dampnabilius est: cum nuper de anno presenti Dietlinum am Leben tamquam suspectum de heresi citassemus et ipse forsitan coram nobis comparuisset, tu diabolico permotu instincta primo in cimiterio Gravendorff dixisti, quod nequaquam comparere debeat, ne captivetur. secundo in domo soceri sui Lewpoldi am Erlach eadem verba, scilicet, quod nequaquam comparere nec fateri debeat, coram Leupoldo predicto et ipso Dietlino[b]) Lehner protulisti. tercio iterum ad eandem domum veniens coram ipso Lewpoldo et filio Henrico eadem verba dixisti, ymmo per eundem Henricum filium Lewpoldi predicti ad ipsum Dietlinum prefatum legacionem misisti, quod nequaquam comparere debeat nec veritatem fateri, racione quarum tuarum diabolicarum et mendacium admonicionum predictus Dietlinus adeo factus fuit induratus et plurima periuria et contra suum iuramentum commisit mendacia. cum vero nos te super premissis verbis per tuum iuramentum interrogassemus, tu posuisti te ad partem omnimode negacionis., nos vero tuis prioribus mendaciis et periuriis vexati predictum

---

a) Hs. tui.   b) Hs. ipse Dieltinus.

— 124 —

Dietlinum*) et Lewpoldum una cum filio eiusdem adiuravimus et per eorum iuramenta in substancia facti concordancia reperimus, quod omnia contra te, ut premissum est, narrata claram et lucidam contineant veritatem. nos .post omnia, que dicta sunt, volentes adhuc maiorem premissorum habere certitudinem, eosdem, scilicet Dietlinum et Lewpoldum eiusdemque filium Heinrich coram legalibus et circumspectis viris iudici et civibus notis quasi viginti vel circa in Hartperig adiuravimus, per districtum dei iudicium et per ipsorum iuramenta admonuimus, ne tibi quomodolibet in premissis iniuriam facerent aliqualiter. ipsi taliter admoniti, taliter adiurati constanter et unanimiter in substancia facti concordantes dixerunt, quod omnia premissa fecisses et sis locuta. ex quibus omnibus clare patet, quod quia talia post^b) tuam abiuracionem legitime et iudicialiter coram nobis factam egeris et dixeris, iudicanda sis merito et reputanda relapsa. nomina vero dominorum civium, coram quibus examinaciones predictorum trium facte sunt, sunt ista: N et N et quam plures alii de consilio et qualitate fide digni. quia igitur Wendel, Els, Peters predicte tam graviter, tam multipliciter in crimine heresis, primo in ipsum crimen labendo et postmodum in ipsum crimen heresis per vos predictas^c) iudicialiter abiuratum sicut canis ad vomitum [rediens] miserabiliter relabendo, diversimode deliquistis ¹ · · · ideo vos tamquam hereticas relapsas et inpenitentes, cum ecclesia non habeat ultra quid faciat, relinquimus brachio et iudicio curie secularis, eandem affectuose rogantes, prout suadent canonice sancciones, ut^d) vobis vitam et membra citra^e) mortis periculum illibata conservet, salvo^f) ao reservato nobis et retento, si vere penitueritis et penitencie signa in vobis apparuerint^g) manifesta et vobis humiliter petentibus, sacramenta penitencie et eukaristie ministrentur. lecta et lata est hec sentencia per dominum Petrum inquisitorem virum sanctum in Hartperg die 27 mensis Februarii ut supra [hora] terciarum et presentibus eisdem^h) etc.

a) Hs. propter dictus Dietlinus.   b) Hs. per.   c) Hs. previctus.
d) Hs. et.   e) Hs. cara.   f) Hs. salus.   g) Hs. sumere.
h) Hs. uts et tercia an et pntis eisdem.

¹ Folgt die zusammenfassende Erklärung, dass die Angeklagten rückfällige Ketzerinnen sind, für welche das kanonische Recht Verzeihung nicht zulässt.

Orts- und Personenregister.

Neustadtl 15.
Nittenau 19. 60.
Nöchling 15. 18.
Nördlingen 61.
Nürnberg 28. 62 f. 64.
Oedenburg 78 f.
Oesterreich 6 ff. 11 ff.
20 f. 26 f. 39 ff. 53.
79 ff.
— Herzog Friedrich II.
10.
— — Rudolf IV. 80.
Ofen 78.
Ollersbach 15.
St. Oswald 15.
Paderborn 50 A. 5.
Pegnitz 64.
St. Peter 15. 81.
Petrus von Naczeracz,
Inquisitor 30 f.
Picarden 38. 51. 56. 109.
Pilsen 106.
Pisek 35. 104. 106.
Plauen 67.
St. Pölten 21.
Polen 13. 25. 28 f. 72 ff.
76.
Prag 24. 32. 68 ff.
— Johannes von, Wal-
denser? 53.
Preussen, Ordensstaat,
76 f.
Puchkirchen 16.

Pupping 15.
Rabenbühel 83.
Rautenstock, Bartholo-
mäus 63 f. 68.
Regensburg 6 f. 55. 60 ff.
Rothenburg a. d. Tauber
64.
Saaz 106. 111.
Sachsen - Wittenberg
65 ff.
Salzburg 6 ff. 27.
Sand in Baiern 61.
Schlesien 25 f. 29. 72 ff.
Schwaben 61.
Schwäbisch-Hall 10.
Schwamming 82.
Schwannenstadt 15.
Schweidnitz 26.
Schwenkenfeld, Johann
von, Inquisitor 29. 72 f.
Seitenstetten 15. 83.
Seligenstadt 63.
Siebenbürgen 78 f.
Sierning 15. 83.
Sindlburg 15.
Stangendorf 90.
Steiermark 5 A. 2. 20.
90 f.
Steyer 15. 21. 27. 45.
80 f. 82 ff. 95. 97 f.
Strassburg 1. 37 f. 61 f.
Stratzing 15.
Tabor 104. 111.

Theben in Ungarn 78.
Thüringen 50 f. 64 ff.
— s. a. Meissen.
Toul 1.
Traiskirchen 21.
Ungarn 28 f. 77 ff.
Unterrohr 90.
St. Valentin 15.
Vauderie 42 f. 97.
Voigtland 67.
Waldenser, lombardi-
sche oder italienische
s. Lombardei.
Waldkirchen 61.
Weinsberg 63.
Weissenburg (am Sand?)
60.
Weisskirchen 15.
Weistrach 15. 82 f.
Wels 15.
Wemding 62.
Wiclifismus in Böhmen
99 ff.
Wien 3. 10. 12 A. 2. 21.
83. 91 f. 94.
Wiener-Neustadt 3.
Winklarn 15.
Wittenberg 65 ff.
Wolfern 83 f.
Wolfsbach 15.
Würzburg 62.
Zwicker, Peter, Inqui-
sitor 57 ff. 82 ff.